Past Tense 1

M	D	S	P	L	T	T	H	G	U	O	B	E	U
I	G	P	N	O	W	N	A	A	E	S	O	L	D
D	E	O	W	E	P	E	H	W	K	N	A	R	D
D	H	K	B	K	I	L	L	E	D	D	E	O	P
M	N	E	U	R	E	K	A	E	E	U	A	D	T
A	W	E	N	T	A	H	T	Y	S	D	D	E	D
D	T	R	N	H	E	D	P	S	E	E	E	I	I
E	O	K	E	A	S	D	T	A	O	D	E	D	T
I	S	E	C	A	L	D	D	N	I	L	E	U	C
E	A	A	E	R	D	A	E	T	R	N	S	T	D
D	N	B	R	O	K	E	T	D	C	A	T	S	T
E	T	A	L	K	E	D	L	R	A	O	E	E	I
S	D	E	H	C	T	A	W	E	O	T	D	L	D
K	D	D	I	D	I	U	U	W	L	S	A	N	G

PAINTED
READ
BROKE
SOLD
TALKED
LOST
WATCHED
DREW
MADE
LEARNT
KILLED
BOUGHT
SPOKE
PLAYED
DRANK
WON
WENT
STUDIED
DID
SANG

Adverbs

```
S L V P L E A S A N T L Y A
I Y L T F I W S B H N L L O
M A Y L E R U S E O L L E E
P D Y L E R A B C N Y D E E
L Y L O U D L Y A E L E L M
Y E Y E A R L Y U S L L O Y
Y X Y M L L M A S T E R L Y
L A L O Y G Y D E L L D C M
E C Y D L L U A E Y N S A I
C T L L E A C K N E V E R S
R L K E S D L Y I Y G L N E
A Y E S I L G R E A L Y N R
C U E S W Y F T L R L C F L
S O W A I S C H O L A R L Y
```

YEARLY
HONESTLY
FRIENDLY
MASTERLY
PLEASANTLY
MISERLY
WISELY
BECAUSE
EXACTLY
SCHOLARLY
SIMPLY
LOUDLY
BARELY
SWIFTLY
GLADLY
WEEKLY
NEVER
SURELY
SELDOM
SCARCELY

The Good Dinosaur

D	A	L	H	X	I	C	D	P	T	S	S	L	R
I	O	E	L	B	L	B	C	D	B	L	O	T	H
N	T	M	A	P	A	T	O	S	A	U	R	U	S
O	C	L	X	S	E	Y	L	D	U	H	T	U	D
S	M	R	A	M	M	O	M	S	N	N	E	C	P
A	D	U	L	R	A	E	E	H	O	C	Y	A	H
U	D	I	A	Y	R	N	S	P	P	O	P	P	A
R	T	P	S	I	E	A	A	P	P	S	T	T	C
E	C	L	N	N	N	S	S	N	K	P	O	N	L
A	P	I	L	N	E	F	M	C	M	I	P	F	I
R	A	B	H	T	O	Y	U	A	E	X	S	O	F
L	T	B	A	O	S	B	A	E	R	A	D	A	F
O	D	Y	I	Y	B	F	S	Y	U	R	S	R	M
P	A	L	C	R	E	D	N	U	H	T	A	P	B

NASH
RAMSEY
DINOSAUR
DISNEY
POPPA
LIBBY
EARL
BUTCH
THUNDERCLAP
APATOSAURUS
BUCK
PIXAR
MOMMA
CLIFF
ARLO
SPOT

Curious George

```
N  C  O  M  P  A  S  S  L  N  Y  C  T  C
D  S  O  O  R  M  A  R  C  O  E  A  Y  P
E  S  V  E  H  A  I  S  I  Y  L  A  N  B
M  O  N  K  E  Y  U  C  E  Y  L  D  F  E
R  P  O  Y  R  C  T  L  R  F  O  V  C  T
I  V  E  O  U  L  D  T  S  R  W  E  I  S
B  L  I  T  R  N  N  R  Y  I  H  N  T  Y
S  N  K  D  U  U  P  E  C  E  A  T  Y  O
B  A  R  H  O  R  P  I  W  N  T  U  Y  I
R  M  A  C  R  O  D  H  E  D  A  R  K  O
O  R  H  A  C  D  I  V  T  S  A  E  L  Y
U  O  C  I  N  R  E  E  U  H  E  S  I  A
E  O  N  E  C  T  R  E  R  I  S  N  M  R
N  D  A  M  S  R  T  S  S  P  O  T  O  A
```

HUNDLEY
CHARKIE
MONKEY
DOORMAN
STEVE
BETSY
MARCO
COMPASS
ADVENTURES
CITY
FRIENDSHIP
COUNTRY
MILKY
YELLOW HAT

Words with a Long "I"

D	L	S	I	D	V	Y	K	T	I	M	T	C	T
I	W	R	R	I	Q	R	I	T	I	T	H	L	H
C	R	Y	C	H	L	L	T	Y	H	I	H	D	R
I	L	I	G	T	H	T	T	G	L	E	I	E	Q
T	I	L	I	G	H	T	I	D	F	E	R	H	U
P	F	H	W	E	U	S	E	G	R	R	E	I	I
H	I	I	Y	L	I	K	E	D	I	I	I	U	T
F	G	Y	D	D	L	I	W	D	G	W	Y	T	E
I	H	Y	H	W	L	M	G	T	H	T	P	R	P
T	T	D	H	T	W	I	I	I	T	M	K	H	G
Y	T	H	W	W	D	H	V	G	G	I	I	K	H
E	R	Y	T	S	H	L	I	E	H	R	T	L	H
E	T	T	I	P	I	P	E	T	L	T	E	H	D
R	W	H	I	T	E	G	H	I	E	G	D	I	E

HIRE
FIGHT
LIVE
WILD
CHILD
WHITE
MILD
SIGHT
TRY
WHITE
DRY
RIGHT
LIGHT
WHY
LIKE
QUITE
KITE
PIPE
MIGHT
WIRE

Adventure Time Characters

M	F	L	A	M	E	P	R	I	N	C	E	S	S
M	G	T	H	E	L	I	C	H	L	Y	A	C	C
N	U	N	C	A	K	E	Y	U	L	B	U	C	I
J	N	A	E	P	E	R	M	A	M	S	P	C	N
A	T	M	M	G	R	P	M	L	Y	T	H	Y	N
K	H	C	K	A	Y	I	R	S	E	A	C	G	A
E	E	I	C	S	N	Y	S	G	N	R	E	U	M
P	R	G	P	M	B	N	I	M	A	C	H	N	O
S	M	A	M	L	L	P	O	M	O	H	L	T	N
B	C	M	E	M	R	C	I	I	U	Y	R	E	B
E	T	H	N	M	A	N	N	I	F	R	S	R	U
T	S	M	A	R	S	H	A	L	L	L	E	E	N
F	Y	A	A	B	E	E	M	O	A	E	B	L	E
N	A	B	E	T	T	Y	I	C	E	K	I	N	G

MR PIG
MARSHALL LEE
MARCY
LUMPY SPACE
JAKE
BETTY
FIONNA
STARCHY
GUNTHER
FLAME PRINCESS
CINNAMON BUN
BEEMO
PRISMO
SHELBY
ICE KING
MAGIC MAN
GUNTER
THE LICH
CAKE
FINN

Aztec Words

I	L	H	U	I	T	L	A	T	L	E	T	L	T
C	A	N	A	U	H	T	L	I	I	C	N	N	K
Y	O	L	I	L	I	Z	T	L	I	Z	N	L	A
A	C	I	N	L	K	A	M	O	T	L	I	I	L
H	U	I	M	C	H	I	H	N	A	H	U	I	L
O	E	L	O	L	T	L	L	O	A	O	C	L	I
Y	T	T	X	I	U	T	Y	N	Z	Z	U	C	H
A	L	X	Y	A	K	O	N	I	T	L	H	A	U
U	A	I	E	O	K	L	I	A	E	I	L	I	K
H	C	M	U	E	Y	E	T	N	C	O	T	U	A
A	H	Y	M	C	N	Z	K	I	I	T	A	I	I
C	T	A	A	O	T	O	Y	O	L	L	O	T	L
Y	L	A	T	L	I	E	C	L	L	T	A	K	C
L	I	A	I	T	Z	C	U	I	N	T	L	I	I

AITZCUINTLI
OZELOTL
CUETLACHTLI
YOLLOTL
KALLI
AZTEC
YOAL
CHIHNAHUI
ATL
KEMA
CANAUHTLI
CAHUAYOH
MOXY
KUALLI
ILHUITL
YOLILIZTLI
MIXTLI
AMO
NIAN
TLETL

Phineous and Ferb

E	Y	U	L	E	N	M	O	N	O	G	R	A	M
E	Y	N	N	K	A	L	L	E	B	A	S	I	R
G	H	E	D	L	O	E	S	B	D	R	R	N	O
N	E	A	C	O	E	E	T	E	Y	H	A	E	G
B	I	O	A	V	R	D	A	I	J	E	N	Y	E
P	N	N	R	A	D	E	C	E	D	N	A	C	R
H	Z	Y	L	J	D	H	Y	K	N	I	P	C	O
I	D	O	O	F	E	N	S	H	M	I	R	T	Z
N	O	G	D	N	N	A	L	N	F	O	R	A	V
E	V	A	N	E	S	S	A	E	E	O	Z	A	Y
O	O	R	B	U	F	O	R	D	R	A	S	S	T
U	E	R	O	J	A	M	E	N	B	C	I	O	N
S	A	M	E	C	N	E	R	O	L	W	S	I	O
L	I	N	D	A	N	A	P	N	R	O	S	N	M

LORENCE
VANESSA
MONOGRAM
DOOFENSHMIRTZ
BUFORD
PINKY
MAJOR
MONTY
CARL
STACY
PHINEOUS
ISABELLA
HEINZ
JENY
OWCA
CANDECE
ROGER
FERB
RODNY
LINDANA

Henry Danger

```
T K I H S C H O O L L E E E
O E D D A C I S S E J O H B
R C H A R L O T T E P O C I
T N I C K E L O D E O N O A
H O J S A O S H Z R H W O N
O D U K N R A C H E C A G C
K O N E I R O O C P T L T A
D E K J T D E M A S I L P P
D U N L A P D A W A M D O I
N O S K E C R A S J Z O W P
E S T S P A O Z N G O G E E
A R U F Y G I D C G N S R R
F N F P D R S E C R E T S F
E I F D R M I N Y A K R H O
```

NICKELODEON
DR. MINYAK
HART
DUNLAP
KID DANGER
PIPER
POWERS
WALL DOGS
MITCH
CHARLOTTE
JESSICA
SCHOOL
GOOCH
RAY
JASPER
ORTHO
JUNK N STUFF
BIANCA
SECRETS
SWACHZ

The Princess and the Frog

```
D  R  F  A  C  I  L  I  E  R  L  R  L  G
P  R  I  N  C  E  R  A  L  P  H  I  E  O
G  M  U  M  E  R  N  O  J  I  L  N  E  N
B  R  R  R  A  I  V  M  S  A  R  R  R  E
D  H  Y  A  D  L  A  W  R  E  N  C  E  U
E  E  N  I  L  E  G  N  A  V  E  Y  I  J
V  L  O  E  U  D  O  R  A  B  O  F  I  U
A  R  R  A  Y  N  H  A  O  E  A  O  I  J
E  N  P  C  M  A  M  A  O  D  I  E  A  A
I  H  E  A  V  M  B  I  G  D  A  D  D  Y
J  A  M  E  S  N  A  V  E  E  N  E  L  A
A  A  S  I  U  O  L  E  I  N  N  E  L  N
T  I  A  N  A  E  I  L  M  N  R  U  U  I
L  E  A  T  C  H  A  R  L  O  T  T  E  T
```

JAMES
TIANA
EUDORA
BIG DADDY
CHARLOTTE
LAWRENCE
PRINCE RALPHIE
EVANGELINE
DR. FACILIER
MAMA ODIE
NAVEEN
LOUIS
RAY
JUJU

Thomas The Tank Engine

E	I	T	R	E	B	R	A	N	S	T	T	M	R
C	L	A	R	A	B	E	L	A	I	K	C	D	B
S	C	R	U	F	F	E	Y	K	R	K	T	O	U
R	N	R	D	O	E	A	R	G	T	T	T	D	T
Y	D	H	A	R	R	Y	E	E	O	R	S	G	C
T	E	R	E	N	C	E	T	N	P	R	D	E	H
P	T	U	T	H	E	S	T	B	H	Y	D	E	H
E	Y	C	I	L	N	K	A	O	A	E	S	O	E
E	S	R	O	S	I	C	L	W	M	N	E	A	N
D	I	A	J	D	S	U	P	L	H	P	R	N	R
W	A	N	E	P	E	R	S	E	A	E	Y	N	Y
A	D	K	N	R	M	T	K	R	T	T	H	I	R
R	A	Y	U	H	A	A	Y	A	T	S	Y	E	E
D	Y	O	U	Y	J	D	U	C	K	O	S	F	U

DUCK
SIR TOPHAM HAT
EDWARD
JAMES
DAISY
ANNIE
HENRY
GORDON
SPLATTER
SCRUFFEY
BUTCH
TERENCE
HARRY
BOWLER
CRANKY
CLARABEL
BERTIE
TRUCKS
DODGE
STEPNEY

Hotel Transylvania 2

H	T	I	M	U	R	R	A	Y	P	N	A	C	A
N	R	E	D	K	L	U	R	L	H	G	A	A	P
I	D	I	K	E	R	I	P	M	A	V	G	K	P
A	L	E	P	N	C	I	A	D	N	L	A	I	B
L	D	A	U	A	Y	A	L	A	T	H	D	E	E
U	P	A	A	N	N	R	I	L	O	M	R	L	L
C	D	C	A	M	I	D	T	V	M	K	I	I	A
A	L	A	B	C	A	C	R	R	S	A	M	N	U
R	I	N	D	D	D	V	E	A	I	W	M	D	P
D	K	N	W	I	G	L	I	V	G	K	F	A	E
A	J	P	E	N	Y	A	W	S	A	O	P	Y	K
M	J	O	N	A	T	H	A	N	L	U	R	A	A
A	M	G	G	R	I	F	F	I	N	A	I	A	A
K	G	R	A	N	D	P	A	M	I	K	E	E	N

PANDRAGORA
PHANTOM
VAMPIRE KID
GRANDPA MIKE
MURRAY
MAVIS
BELA
WAYNE
JONATHAN
CAKIE
VLAD
GRIFFIN
EUNICE
LINDA
DRACULA

Cinderella

```
I  S  I  T  I  U  E  K  R  F  A  N  F  R
I  D  T  S  N  U  C  L  S  O  R  N  I  D
M  I  S  E  E  M  I  A  N  O  U  L  R  R
R  R  L  L  P  A  M  E  S  T  N  F  S  E
B  T  U  R  O  S  R  N  E  M  K  Z  N  P
K  Y  T  C  L  N  I  C  D  A  I  I  I  P
S  R  O  T  O  L  U  S  H  N  N  D  K  I
D  E  U  B  S  L  A  R  T  L  D  D  P  L
R  L  A  L  P  I  S  B  B  E  R  L  M  S
I  D  R  I  Z  E  L  L  A  I  R  T  U  S
B  T  G  R  A  N  D  D  U  K  E  S  P  S
C  I  N  D  E  R  E  L  L  A  P  A  N  A
I  R  E  M  I  D  N  I  G  H  T  C  T  L
R  D  C  A  R  R  I  A  G  E  B  T  A  G
```

STEP SISTERS
GLASS SLIPPER
CINDERELLA
DRIZELLA
SEARCH
FOOTMAN
MIDNIGHT
CARRIAGE
BRUNO
GRAND DUKE
MICE
UNKIND
DIRTY
BIRDS
PUMPKIN
BALL

The Thirteenth Year

F	D	R	M	E	A	S	E	L	A	C	S	S	Y
S	N	I	F	F	I	R	G	Y	D	O	C	A	H
W	R	E	T	A	W	R	D	D	C	E	Z	M	D
I	M	S	E	A	N	M	A	R	S	H	A	L	L
M	A	S	S	L	B	M	E	I	N	S	C	F	M
T	A	H	M	D	W	T	E	O	B	C	H	I	T
E	S	I	Y	E	E	I	E	R	H	C	Y	N	F
A	T	H	A	T	R	C	D	C	M	H	E	S	E
M	A	P	E	T	E	M	A	H	C	A	A	I	A
E	O	J	A	C	A	O	A	N	E	E	I	E	A
T	A	C	S	J	C	M	J	N	A	I	I	D	M
O	B	E	N	L	I	A	T	M	O	C	E	A	N
D	I	A	L	R	E	H	T	A	E	H	A	M	L
D	E	C	B	A	B	Y	C	O	D	Y	A	R	D

WATER
ZACH
PETE
COACH
OCEAN
TODD
CODY GRIFFIN
FINS
JOE
SEAN MARSHALL
HEATHER
MERMAN
TAIL
BABY CODY
SAM
SCALES
MERMAID
SWIM TEAM

Tom and Jerry

K	E	F	U	S	U	Q	U	A	K	E	R	T	F
E	J	B	I	D	I	M	C	A	L	C	O	H	M
M	L	Q	U	I	T	O	P	S	Y	M	M	D	O
L	G	F	E	T	G	N	I	N	T	H	G	I	L
I	N	U	T	B	C	T	T	Y	K	E	O	D	I
F	Q	T	C	O	L	H	O	E	I	F	M	Q	T
R	L	S	R	S	Y	I	O	S	R	S	Y	M	O
I	F	E	L	P	U	T	K	S	G	M	T	E	O
E	E	I	T	A	N	U	C	E	T	A	C	O	D
N	N	M	E	R	E	J	U	L	I	I	M	N	L
D	I	E	C	T	I	E	C	B	B	L	O	T	E
S	N	N	D	W	A	R	O	B	G	L	U	R	S
E	T	E	E	T	K	R	L	I	F	I	S	T	L
D	T	P	E	F	E	Y	T	N	E	W	E	I	E

LIGHTNING
FRIENDS
WILLIAM
CUCKOO
CAT
BUTCH
JERRY
NIBBLES
TOODLES
ENEMIES
FILM
TRAPS
TYKE
TOPSY
TOM
MOUSE
QUAKER

Reliability & Honesty

Y	T	I	L	I	B	A	S	J	C	T	C	P	O
E	E	H	T	U	R	T	I	E	U	C	N	I	T
U	N	S	A	A	U	S	E	C	S	I	O	E	C
P	C	A	Y	R	E	E	G	I	T	S	I	E	O
I	O	C	C	E	L	R	D	R	O	S	T	Z	G
S	M	C	I	F	B	V	U	T	M	E	A	I	N
E	M	O	L	E	A	I	J	C	E	L	Z	G	I
S	I	U	O	E	I	C	T	E	R	F	I	O	L
I	T	N	P	L	L	E	P	P	S	E	N	L	I
M	M	T	O	T	E	R	X	S	T	S	A	O	A
O	E	A	F	C	R	Y	I	E	J	T	G	P	F
R	N	B	I	R	V	R	F	R	I	E	R	A	R
P	T	L	R	E	V	I	L	E	D	E	O	E	S
E	S	E	Y	T	S	E	N	O	H	M	O	U	N

ACCOUNTABLE
SERVICE
TRUTH
RESPECT
FAILING
CUSTOMERS
SELF-ESTEEM
PROMISES
POLICY
FEEL
JUDGE
COMMITMENTS
ORGANIZATION
HONESTY
ABILITY
FIX
DELIVER
APOLOGIZE
RELIABLE

The Fairly OddParents

```
F M R J M V M U C M A C O S
I K R A L F I D A C J C J M
E I X I R T M C F P E E I R
O M S O C L A P K C L X P M
S A C C I P N R L Y A A J R
K I K E D C U I R C D J O A
I I M I N R R Y E R S T R C
R L N O A K E C N A M K U A
S Y C G M C K Y R Z M R L T
V I Y L R A C N U Y I A A M
Y M M I T M P J T U D M C A
M E A N R E K C O R C R M N
R K R Y S P A R K Y O U R E
P N E E U Q M K R A L Y K S
```

FLARK
SPARKY
MANURE
KING
MARK
A.J.
MANDI
TURNER
VICKY
MR. CROCKER
QUEEN
CRAZY
CARLY
CATMAN
COSMO
DIMMSDALE
SKYLARK
JIPJORULAC
TIMMY
TRIXIE

Oceans and Seas

N	K	S	B	L	A	C	K	S	E	A	S	I	A
A	G	U	L	F	O	F	M	E	X	I	C	O	E
E	N	N	E	A	E	S	D	E	R	A	S	A	S
C	O	O	J	A	U	N	O	A	S	E	E	I	A
O	K	R	A	O	K	K	E	S	O	S	A	N	N
C	H	T	P	A	A	K	A	O	C	N	O	D	I
I	O	H	A	D	B	F	S	Y	A	A	F	I	H
F	T	S	N	N	A	O	R	V	E	E	A	A	C
I	S	E	S	A	E	A	S	C	E	B	Z	N	T
C	K	A	E	S	C	I	T	L	A	B	O	O	S
A	S	S	A	A	B	E	J	E	N	I	V	C	A
P	E	A	E	S	D	A	E	D	E	R	D	E	E
D	A	E	H	U	D	S	O	N	B	A	Y	A	U
N	B	E	R	I	N	G	S	E	A	C	A	N	E

OKHOTSK SEA
BLACK SEA
RED SEA
INDIAN OCEAN
EAST CHINA SEA
BALTIC SEA
SEA OF AZOV
CARIBBEAN SEA
GULF OF MEXICO
PACIFIC OCEAN
HUDSON BAY
NORTH SEA
BERING SEA
JAPAN SEA
DEAD SEA

Liv and Maddie

P	O	G	A	T	P	O	L	L	Y	G	W	H	H
A	M	A	D	D	I	E	O	A	D	Y	W	O	G
A	E	A	C	T	R	E	S	S	W	E	O	L	I
K	L	L	N	A	E	N	E	Y	I	T	L	L	H
A	S	L	A	A	S	N	I	W	T	O	L	Y	D
R	T	A	E	I	T	R	A	O	S	M	I	W	O
E	A	B	C	D	E	G	R	D	E	B	W	O	O
N	I	T	O	A	S	J	O	E	Y	O	E	O	W
P	N	E	A	D	R	O	O	N	E	Y	I	D	E
A	S	K	P	I	T	L	O	E	E	N	G	L	G
R	D	S	Y	L	H	G	S	T	T	H	G	O	D
K	I	A	R	E	Y	L	O	Y	E	D	I	A	I
E	A	B	B	T	N	I	I	O	P	Y	D	I	R
R	B	Y	S	T	W	V	S	O	T	W	J	L	L

KAREN
TWINS
DIGGIE
RIDGEWOOD HIGH
ACTRESS
MADDIE
BASKETBALL
HOLLYWOOD
JOEY
STAINS
ROONEY
LIV
POLLY
ARTIE
OCEAN
TOMBOY
PETE
WILLOW
DAD
PARKER

Lilo and Stitch

O	H	A	N	A	N	B	T	S	U	R	T	S	A
E	T	N	E	M	I	R	E	P	X	E	L	E	C
B	F	A	M	I	L	Y	E	T	E	O	L	L	C
N	T	Y	I	N	L	R	I	U	Y	I	A	B	I
O	N	T	N	O	O	B	Q	A	A	E	S	B	D
I	M	I	M	I	I	I	L	E	S	S	E	U	E
T	I	L	L	T	V	T	R	I	E	O	H	B	N
A	A	A	D	P	Y	C	S	N	E	L	A	A	T
E	L	U	A	O	C	U	D	T	Y	I	W	R	S
R	I	Q	L	D	E	N	P	D	H	L	A	B	T
C	E	E	O	A	I	R	V	C	A	L	I	O	I
E	N	N	H	K	Q	E	V	O	L	A	I	C	T
R	S	N	A	X	J	U	S	T	I	C	E	R	C
I	I	A	K	E	L	E	P	I	N	A	N	D	H

LOYALTY
LILO
NANI PELEKAI
EQUALITY
JUSTICE
ACCIDENT
ADOPTION
FAMILY
COBRA BUBBLES
RECREATION
ALIEN
HAWAII
EXPERIMENT
KINDNESS
ALOHA
TRUST
OHANA
STITCH
LOVE

Good Luck Charlie

E	U	K	P	K	W	I	K	W	M	I	G	Y	L
D	L	O	V	W	E	R	P	H	B	D	O	D	I
U	E	T	I	I	H	J	B	S	U	M	O	D	G
N	N	C	D	K	T	Y	A	A	G	C	D	E	N
C	N	H	E	K	T	M	E	K	S	R	L	T	D
A	A	A	O	I	A	A	O	T	B	M	U	E	I
N	H	R	D	C	M	G	L	O	E	R	C	L	C
S	C	L	I	H	A	A	L	B	G	A	K	I	K
E	Y	I	A	I	N	B	T	Y	O	C	I	B	J
P	E	E	R	K	E	E	L	I	N	U	A	G	A
D	N	E	Y	K	L	I	G	E	E	B	A	L	S
B	S	A	N	I	E	R	I	C	Y	C	I	L	O
Y	I	J	N	I	C	H	G	I	E	L	M	A	N
E	D	D	W	B	O	B	T	E	G	I	R	B	O

KWIKKI CHIKKI
BUGS BE GONE
GABE
LEIGH
BOB
CHARLIE
MIA
BABY
TOBY
ERIC
MATTHEW
JASON
AMY
DISNEY CHANNEL
P.J.
BRIGET
TEDDY
GOOD LUCK
DUNCANS
VIDEO DIARY

K.C. Undercover

G	I	G	G	J	U	D	I	T	A	U	S	S	T
I	T	M	H	E	I	C	M	Y	T	S	M	Y	H
A	R	C	S	S	A	A	Y	A	D	N	A	Z	E
R	S	O	N	E	A	R	E	S	L	O	T	S	O
C	D	E	B	A	G	E	N	C	Y	I	E	B	T
G	Y	I	R	O	S	R	O	D	Y	S	E	E	H
A	A	S	M	E	T	G	E	E	L	S	N	L	E
D	M	E	E	A	H	S	S	S	I	I	A	L	R
G	M	T	T	G	R	C	I	P	A	M	G	A	S
E	E	D	R	T	S	I	A	S	Y	L	E	E	I
T	G	J	U	D	Y	G	S	E	T	M	R	L	D
S	O	N	G	B	Y	C	A	A	T	E	O	T	E
H	Y	G	Y	D	A	L	D	L	O	E	R	M	U
G	A	W	A	T	C	H	A	E	T	S	I	D	A

DISNEY
CRAIG
ROBOT SISTER
MOM
OLDLADY
AGENCY
GEAR
ZANDAYA
MARISA
LASER
WATCH
BELLA
SPY
JUDY
MISSIONS
TEENAGER
JUDI
THE OTHER SIDE
GADGETS
TEACHER

Steven Unvierse

E	A	H	U	C	S	P	I	N	K	X	O	E	R
T	R	U	S	M	H	E	I	N	N	O	C	A	O
I	M	A	T	U	O	S	E	U	L	B	R	I	S
R	R	O	E	I	M	U	N	I	V	E	R	S	E
D	U	R	V	A	E	O	K	F	U	S	I	O	N
N	B	N	O	W	W	S	L	R	G	R	R	S	H
A	Y	I	N	T	O	M	C	C	M	E	E	D	E
X	E	A	N	A	R	L	S	Z	L	B	M	L	E
E	A	U	I	V	L	V	L	A	N	B	V	I	L
L	R	R	E	E	D	R	N	E	P	E	D	E	A
A	N	N	Q	U	A	R	T	Z	Y	C	I	H	P
H	L	A	R	S	W	H	A	L	A	A	E	S	I
P	E	O	S	A	P	P	H	I	R	E	E	L	S
S	T	A	R	V	M	A	L	A	C	H	I	T	E

FUSION
SHEILD
HOME WORLD
MALACHITE
STAR
ALEXANDRITE
QUARTZ
PINK
BLUE
RUBY
STEVONNIE
LAPIS
REBBECA
YELLOW
LARS
CONNIE
GEM
ROSE
UNIVERSE
SAPPHIRE

Avatar: The Last Airbender

B	E	A	R	T	H	A	I	S	L	R	O	K	U
M	E	A	T	A	E	E	S	O	I	I	O	A	S
O	O	N	A	H	H	P	O	T	E	K	A	W	T
N	I	N	D	B	Y	M	E	B	I	U	H	A	E
K	G	H	S	E	I	R	H	O	M	S	Z	W	M
G	O	N	S	R	R	E	O	O	U	U	L	A	O
Y	A	W	H	O	K	A	R	M	B	S	A	A	C
A	I	S	E	A	Y	S	I	E	G	O	R	L	S
T	O	D	T	O	A	K	N	R	N	K	I	U	N
S	Z	A	W	A	T	E	R	A	I	K	M	Z	I
O	R	P	S	A	R	I	A	N	K	A	D	A	Z
A	K	A	N	E	S	G	O	G	E	N	A	K	O
A	S	M	R	O	A	M	O	M	O	M	H	E	S
S	U	T	O	L	E	T	I	H	W	S	Z	A	O

WATER
ADMIRAL ZHAO
AANG
SUKI
SOZINS COMET
KATARA
BOOMERANG
AZULA
ROKU
KYOSHI
KING BUMI
EARTH
MONK GYATSO
AIR
WHITE LOTUS
MOMO
BENDER
TOPH
SOKKA
IROH

Winx Club

```
E B L O O M O I O I N D L R
O R R I S P E C I A L I S T
S N A B O O A L T R T C T B
E T B N R N I D G O Y Y K P
H O E O X T S I A C S G B U
E I S L R D H Y R E O A I O
L A N W L A A A I N I R D T
I I I H N A D R S L R D G R
A N A A C K A S M T O I X I
X A D T R F I A I E K N L X
B S A R O L F L Y C I A R E
O U K B R A N D O N K O X A
M M N O V I R Y N A I L I R
I I I I S K Y A T I M M Y I
```

AISHA
KIKO
SKY
TECNA
TRIX
ICY
BLOOM
DARCY
STELLA
FLORA
GARDINA
SPECIALIST
WINX
TIMMY
RIVON
MUSA
HELIA
BRANDON
NABOO
FARIES

Power Rangers Ninja Storm

E	G	T	O	R	I	H	A	N	S	O	N	E	E
A	C	K	S	H	A	N	E	C	L	A	R	K	E
G	N	I	D	R	A	O	B	E	T	A	K	S	O
D	E	T	H	S	A	M	U	R	A	I	C	N	O
S	U	R	F	I	N	G	R	D	D	H	J	L	E
S	E	N	S	E	I	E	A	R	T	H	T	I	D
E	B	A	N	A	T	A	W	M	A	C	I	H	B
J	G	R	O	H	T	O	L	A	M	A	R	A	H
R	O	R	C	D	W	T	H	U	N	D	E	R	R
K	I	G	I	T	H	Z	U	R	G	A	N	E	E
A	M	Y	N	A	R	A	N	G	E	R	S	E	T
P	A	A	R	O	O	B	O	O	H	C	E	N	A
R	B	L	A	K	E	B	R	A	D	L	E	Y	W
I	A	J	A	E	S	P	O	A	J	N	I	N	I

SKATEBOARDING
RANGERS
CAM WATANABE
KAPRI
WATER
CHOOBO
EARTH
LOTHOR
SHANE CLARKE
AIR
TORI HANSON
SURFING
THUNDER
SAMURAI
BLAKE BRADLEY
NINJA OPS
ZURGANE
MARAH
SENSEI

Spongebob Characters

Y	F	O	O	F	P	E	D	C	I	U	D	O	N
R	L	S	U	L	H	L	U	N	S	L	D	P	B
S	E	Y	Q	F	I	B	A	H	B	S	R	Y	G
F	P	L	M	U	L	A	T	O	R	P	A	U	A
S	E	P	G	B	L	M	N	D	R	O	W	N	T
M	S	L	M	N	U	L	M	K	E	N	D	U	K
Y	X	A	J	I	A	B	I	G	X	G	I	Y	A
S	A	N	D	Y	S	R	B	A	S	E	U	R	R
T	A	K	L	A	A	S	T	L	M	B	Q	R	E
E	Y	T	B	R	D	G	P	S	E	O	S	A	N
R	R	O	O	A	A	S	L	R	B	B	Y	L	A
Y	S	N	S	R	S	E	O	O	I	J	A	U	S
K	C	I	R	T	A	P	P	E	E	S	I	S	E
N	M	R	S	P	U	F	F	A	S	T	S	M	S

BUBBLE BASS
SQUIDWARD
PHIL
MISS PRISS
PLANKTON
KAREN
STRANGLER
SQULLIAM
FOOFY
LARRY
SANDY
UDON
MRS PUFF
SPONGEBOB
PATRICK
JIM
MYSTERY
MABLE
PEARL
REX

Scooby Doo

B	H	A	M	L	E	V	I	D	U	S	K	E	I
C	R	U	S	H	I	T	S	Z	E	O	T	F	A
O	A	L	U	N	A	T	B	N	L	G	Z	R	O
S	M	O	T	N	A	H	P	V	A	O	O	E	U
E	K	A	L	B	E	N	H	P	A	D	M	D	S
H	O	T	D	O	G	W	A	T	E	R	B	J	C
O	O	D	A	B	B	A	Y	E	N	A	I	O	A
V	A	M	P	I	E	S	W	S	O	U	E	N	R
A	M	Y	S	T	E	R	Y	I	N	C	S	E	E
S	C	C	T	H	O	R	N	D	A	K	D	S	D
R	E	E	R	E	D	H	E	R	R	I	N	G	P
S	L	Z	R	H	N	V	I	L	L	I	A	N	S
S	C	O	O	B	Y	D	E	E	T	R	A	P	S
T	S	K	C	A	N	S	Y	B	O	O	C	S	V

FRED JONES
SCOOBY SNACKS
RED HERRING
BATS
ZOMBIES
HOT DOG WATER
THORN
DAPHNE BLAKE
SCARED
DUSK
SCOOBY DEE
LUNA
MYSTERY INC
VILLIANS
YABBA DOO
VAMPIES
VELMA
CRUSH
PHANTOM
TRAPS

Sonic The Hedgehog

```
M  C  S  R  O  T  C  E  V  S  E  S  A  H
A  H  B  L  A  Z  E  C  A  C  C  A  S  M
S  A  E  O  J  E  T  H  T  T  Y  A  A  L
T  O  I  M  A  Y  G  A  E  M  D  E  S  N
E  S  T  E  S  P  I  O  A  D  A  T  A  E
R  C  I  G  L  E  G  S  E  L  O  M  I  S
E  O  K  A  R  G  R  E  R  R  G  H  H  S
M  N  A  L  D  I  P  M  M  G  B  A  S  D
E  T  L  I  M  S  C  E  E  W  D  I  Y  M
R  R  G  C  T  G  N  R  B  O  A  L  G  S
A  O  E  H  I  I  M  A  W  M  L  V  L  C
L  L  G  G  K  N  T  L  E  A  C  I  E  S
D  I  S  S  E  W  O  D  S  D  A  A  M  O
L  A  R  E  V  L  I  S  C  T  D  A  S  W
```

LIGHTSPEED-DASH
TAILS
CHAOS-CONTROL
BLAZE
VECTOR
ESPIO
SALLY
MASTER-EMERALD
CHAOS-EMERALDS
SONIC
STORM
EGGMAN
SILVER
AMY
BIG
TIKAL
OMEGA
WAVE
SHADOW
JET

Words ending in -el

```
C L O R C G E C F U N N E L
F L E L N A R E E S L E U F
A T E G E A R W L H V C L R
E T T R N S U A E O T A C T
L O O A L V S O M V T A A U
W W N V S T E E L E O U M L
B E L E D U E L V L L E E E
S L A L C T L A L L S L B
L T L S L I L E E E N O E W
E U W E E E S O W I R E N H
B N L T W L L O T N F F N E
A N R O E O R L L L N T A E
L E B L A T D L E E G N H L
E L L E V A R T U O B W C R
```

TINSEL
WEASEL
LABEL
STEEL
SHOVEL
DUEL
VESSEL
TROWEL
FUNNEL
TOWEL
CHANNEL
BOWEL
GRAVEL
TRAVEL
DOWEL
FUEL
CARAMEL
WHEEL
CAMEL
TUNNEL

Mickey Mouse

```
T  L  D  R  C  W  L  N  M  L  A  O  N  K
I  L  O  S  T  O  D  F  I  N  D  E  O  D
S  L  N  E  E  C  M  I  E  D  I  Y  K  A
L  O  A  A  S  E  A  G  O  I  A  F  D  L
Y  T  L  L  A  F  A  S  M  L  I  N  E
Y  U  D  W  L  L  A  R  G  Y  S  L  S  I
M  L  S  W  A  E  N  O  I  N  E  M  I  Y
O  P  S  A  L  B  T  N  E  F  I  E  Y  W
U  P  E  K  C  A  A  Y  A  N  E  T  A
S  E  C  C  N  R  S  K  P  E  N  A  L  A
E  I  L  U  E  A  I  L  I  K  I  U  A  Y
C  O  O  D  S  L  A  S  H  C  M  H  S  A
N  L  Y  C  L  C  L  A  C  I  G  L  Y  H
L  A  G  O  O  F  Y  A  A  M  U  M  G  T
```

CLARABELLE COW
DALE
SALTY
DUCK
CHIP
WILLIE
DONALD
MICKEY
FIGARO
PLUTO
MINNIE
GOOFY
DAISY
DISNEY
SEAL
FANTASIA
MOUSE

Victorious

```
B A A T T E N N E B T T A M
D A N I E L L A M O N E T N
E N I T N E L A V T A C O H
E H O L L Y W O O D A R T S
E N I H S T I E K A M E P S
O N E P E A R P A D X E R R
R L V I C T O R I O U S A N
C R A S I S G N O S R M N L
E D N A R G A N A I R A N L
B R O B B I E S H A P I R O
A B N E B T D E T N E L A T
V Y E R D N A A L B U M S Y
V R A V A N J O G I A N B E
N A A N D R E H A R R I S H
```

HOLLYWOOD ARTS
CAT VALENTINE
ANDRE HARRIS
MAKE IT SHINE
ROBBIE SHAPIRO
SONGS
ANDREY
MATT BENNETT
ARIANA GRANDE
DANIELLA MONET
AVAN JOGIA
VICTORIOUS
PEAR PAD
TALENTED
ALBUMS
REX

School Geography

C	H	S	S	D	A	O	R	N	E	S	M	A	P
T	U	N	D	R	A	V	I	E	R	H	D	O	S
S	S	N	O	W	V	S	T	A	N	R	R	R	W
N	A	E	C	O	L	N	I	E	U	G	N	S	M
C	F	P	L	A	I	N	S	E	N	A	G	E	I
L	O	I	N	A	A	S	E	G	A	L	L	I	V
S	R	D	I	T	O	W	N	S	C	I	L	N	G
T	E	M	P	E	R	A	T	U	R	E	A	A	G
S	S	R	R	S	E	T	A	T	S	L	K	N	L
E	T	E	N	V	O	L	C	A	N	O	E	S	A
R	R	V	N	I	A	T	N	U	O	M	H	N	C
T	A	I	O	C	I	T	I	E	S	N	R	I	I
S	G	R	H	I	G	H	W	A	Y	S	K	R	E
V	E	C	D	E	S	E	R	T	S	A	O	U	R

RIVER
MOUNTAIN
VILLAGES
LAKE
DESERT
TEMPERATURE
ISLAND
ROADS
GLACIER
HIGHWAYS
CITIES
FOREST
VOLCANOES
SNOW
RAIN
OCEAN
STATES
TOWNS
PLAINS
TUNDRA

Totally Spies!

H	I	G	H	S	C	H	O	O	L	I	I	E	W
V	H	M	M	A	N	D	Y	L	D	L	A	X	F
I	S	A	V	E	T	H	E	W	O	R	L	D	R
L	S	P	I	E	S	E	I	L	X	E	L	A	I
H	L	S	O	H	S	G	L	A	D	I	S	S	E
M	I	S	S	I	O	N	G	M	L	E	D	I	N
O	L	L	L	V	E	V	I	L	F	I	W	W	D
S	R	B	O	S	S	I	H	L	N	M	R	D	S
R	S	C	C	T	S	O	E	R	S	R	E	Y	M
G	I	R	L	S	J	C	I	A	A	L	S	X	I
H	H	I	O	E	E	T	A	L	E	N	T	S	E
R	S	E	V	N	R	R	S	S	I	O	E	A	Y
O	L	T	E	E	R	V	T	A	S	Y	E	I	E
R	L	G	R	S	Y	S	S	A	M	L	O	M	E

SAVE THE WORLD
JERRY
TALENTS
GIRLS
MISSION
SAM
EVIL
MANDY
BOSS
CLOVER
HIGH SCHOOL
G.L.A.D.I.S
ALEX
FRIENDS
SPIES

Dog with a Blog

```
E  O  N  N  N  K  A  R  L  L  T  L  R  N
T  S  T  A  B  E  N  N  E  T  T  X  R  I
Y  B  T  T  Y  L  W  B  H  L  G  O  D  K
L  E  A  A  R  L  L  E  N  W  T  A  R  R
E  K  L  N  D  I  O  A  V  E  R  Y  O
R  A  A  L  O  D  N  I  A  O  S  S  K  A
L  N  E  L  L  E  D  I  T  D  V  T  R  O
O  M  Y  B  S  L  S  K  T  V  I  O  L  O
L  G  H  L  A  L  A  M  N  S  N  N  G  M
E  K  S  O  L  B  Y  A  Y  Y  C  I  O  R
S  B  K  W  B  D  L  X  I  D  H  K  E  E
B  E  T  Y  L  R  B  O  V  S  L  K  L  E
A  A  W  T  A  K  K  A  G  A  O  I  Y  R
K  Y  K  T  O  E  A  N  A  E  E  Y  R  N
```

LINDSAY
WES
ELLEN
STAN
NIKKI
BENNETT
KARL
MAX
AVERY
DOG
BLOG
CHLOE
TYLER

Teenage Mutant Ninja Turtles

```
O E L T L E A H P A R N M O
L N E M A E M N E G A T U M
E K O N L T U L E E E A S T
G R N N A M T T C E E E T R
N A A R P D A N J A W E G D
A A R T R A N A L E E O E T
L N D A I H T L R G E N L E
E G O M L R S P L I N T E R
A A J N I N I A T O P D E L
H E G A N E E T N E L P N I
C N G A E N T H N E H A J E
I E A E O L N A E H T R A U
M D O N A T E L L O E A T A
P N L R T T R E L T R U T T
```

DONATELLO
APRIL
NINJA
TURTLE
RAPHAEL
MUTANT
SPLINTER
MICHAELANGELO
SEWER
KRAANG
TEENAGE
LEONARDO
MUTAGEN

Southeast Asia

```
H  E  N  A  K  A  O  S  G  G  T  T  P  E
U  S  A  K  K  I  R  U  O  E  H  A  G  E
A  A  N  A  T  D  C  D  O  N  N  K  M  A
N  I  K  P  L  N  N  N  S  N  O  L  A  G
G  S  S  K  K  I  H  I  I  N  R  I  A  N
H  E  O  O  C  O  I  A  A  C  T  M  A  A
E  U  E  U  G  N  O  K  E  M  H  A  A  E
S  A  E  Y  T  U  A  U  G  M  K  K  G  S
M  O  M  N  N  H  E  V  S  N  O  A  W  W
S  E  G  N  A  G  K  N  S  A  R  N  N  O
N  I  S  O  M  I  I  O  A  L  E  D  A  L
U  N  I  G  O  B  I  K  R  H  A  O  P  L
E  O  E  E  H  M  A  N  T  E  I  V  A  E
O  C  H  I  N  A  O  I  O  N  A  E  J  Y
```

GANGES
INDIA
SOUTH KOREA
MEKONG
NORTH KOREA
INDUS
VIETNAM
GOBI
JAPAN
HUANG HE
YELLOW SEA
TAKLIMAKAN
CHINA

Shake It Up

```
N  S  G  O  D  N  L  O  E  C  E  C  S  E
T  S  L  D  I  R  L  D  C  A  R  E  T  N
Y  K  C  O  R  E  L  U  O  Y  U  O  K  O
Y  F  G  N  E  I  M  A  U  R  G  E  T  J
A  E  U  C  W  H  E  E  E  I  B  L  U  E
Y  G  N  N  I  Y  E  N  Z  O  F  O  H  K
A  A  T  D  D  S  T  I  N  K  A  A  O  H
D  N  H  A  E  N  U  L  O  G  A  N  A  R
N  N  E  N  U  G  A  M  B  D  W  L  J  B
E  S  R  C  C  N  A  J  O  N  E  S  M  E
Z  A  L  E  E  E  N  R  O  H  T  T  H  L
Y  N  E  N  T  E  G  L  Y  L  L  Y  L  L
G  N  O  H  S  O  R  R  N  O  O  E  N  A
N  D  N  N  F  H  R  A  T  E  C  E  C  U
```

MUSIC
ROCKY
FEGAN
ZENDAYA
DEUCE
ROSHON
BLUE
TINKA
GARY
WILDE
THORNE
DANCE
GUNTHER
LOGAN
CECE
JONES
BELLA
TYE

Dani's Castle

```
T O H L I Z A R D S T R D R
A R P R O O M G O B O I M A
A G I O A E M I O L L C E D
G E D Y L T R L E C L H X I
M H O S G T R A C A E N P O
O F O G A N E S I S O T A S
O A I S A R T R M T R C O T
E T A K T B D I G L I L S A
N Y X O R S E O R E I O I T
M A R J O R I E G I I F H I
S T A R D D Y L A N N S A O
O G B G E J A R R D E A T N
G D E T R A F F O R D I D E
O G E I D E M S E S M T O O
```

ESME
MARJORIE
ROXY
POLTERGEIST
LEO
CASTLE
GHOSTS
DYLAN
LIZARDS
RADIO STATION
GABE
MICE
TRAFFORD
DANI
RICH
BOGMOOR
DIEGO
KATE

Beauty and the Beast

R	P	E	W	D	B	T	L	T	B	W	A	L	M
E	H	N	I	A	E	B	N	E	A	I	E	R	A
G	I	A	E	P	L	S	O	I	B	E	L	M	G
P	L	T	A	A	L	P	T	S	E	C	U	B	I
B	I	L	L	R	E	E	S	S	T	I	M	E	C
G	P	U	W	P	A	L	A	E	T	R	I	A	M
N	P	S	T	W	O	L	G	R	E	U	E	S	I
I	E	R	U	A	O	U	B	T	B	A	R	T	R
W	L	I	B	R	A	R	Y	N	U	M	E	C	R
T	L	A	U	D	E	R	P	A	E	O	H	E	O
S	U	E	U	R	E	E	O	H	E	I	F	S	R
E	I	I	M	O	E	I	E	C	P	M	O	E	I
W	I	C	T	B	R	L	I	N	U	M	I	L	L
A	E	I	E	E	U	L	I	E	C	N	B	S	M

GASTON
LIBRARY
MAGIC MIRROR
CHIP
WARDROBE
LUMIERE
PHILIPPE
SPELL
ENCHANTRESS
SULTAN
MAURICE
BELLE
WEST WING
BABETTE
BEAST
LEFOU

Pixar's UP

P	E	A	P	A	K	S	R	A	A	L	P	H	A
U	R	R	G	E	A	A	P	U	F	C	L	E	P
S	U	G	V	S	R	R	U	I	S	L	U	E	E
C	T	I	U	O	V	P	A	C	R	S	P	E	R
O	N	B	T	D	E	E	D	X	I	I	E	D	A
R	E	A	D	E	O	T	S	E	I	V	T	L	E
E	V	L	A	R	I	E	E	O	O	P	L	U	L
D	D	L	F	R	E	D	R	I	C	K	S	E	N
E	A	O	D	E	D	O	K	Z	T	N	U	M	E
N	L	O	O	S	R	C	E	L	S	C	R	R	L
H	O	N	G	U	O	T	D	H	F	L	E	P	L
E	V	O	S	O	I	E	E	F	R	C	R	U	I
S	E	F	R	H	D	R	D	S	T	F	P	A	E
S	L	L	A	F	E	S	I	D	A	R	A	P	C

FREDRICKSEN
BALLOON
PARADISE FALLS
RUSSELL
PETE DOCTER
PIXAR
MUNTZ
ADVENTURE
LOVE
CARL
KEVIN
DOGS
HOUSE
SCORE
ALPHA
ELLIE
SPIRIT
DUG

Natural Disasters and Severe Weather

R	L	A	N	D	S	L	I	D	E	L	I	T	D
L	U	O	I	N	F	R	E	E	Z	I	N	G	H
A	K	G	U	F	L	O	O	D	S	G	T	D	T
D	R	O	U	G	H	T	N	S	H	H	E	A	F
H	D	T	R	W	A	I	R	U	U	T	T	E	D
A	H	I	N	T	W	E	I	N	D	N	R	G	E
I	O	S	E	L	W	U	D	L	W	I	D	A	A
L	T	D	R	O	H	E	T	S	U	N	A	M	I
L	S	I	H	W	R	E	I	E	H	G	A	I	W
I	H	S	G	S	N	N	O	T	I	H	T	I	H
W	N	A	T	T	O	R	N	A	D	O	E	S	E
E	L	O	M	I	S	R	O	M	E	R	T	O	U
E	R	E	K	A	U	Q	H	T	R	A	E	F	T
M	E	L	O	T	E	D	R	I	Z	Z	L	E	L

LANDSLIDE
FREEZING
THUNDER STORM
SHOWERS
WHIRLWIND
TSUNAMI
FLOODS
TORNADOES
DRIZZLE
LIGHTNING
TREMORS
HOT
EARTHQUAKE
GALE
HAIL
DROUGHT

Mathematics

I	P	N	U	N	N	E	S	Q	U	A	R	E	D
I	F	O	R	E	W	O	P	I	E	X	R	F	I
B	M	I	W	T	N	S	O	I	S	N	I	P	U
H	O	S	I	E	D	I	V	I	D	E	E	S	E
N	O	I	T	A	C	I	L	P	I	T	L	U	M
Q	P	V	I	V	T	O	O	R	E	B	U	C	I
N	L	I	N	A	D	D	I	T	I	O	N	B	M
I	U	D	N	O	C	N	A	N	O	R	F	M	E
N	S	N	O	I	U	I	E	I	S	W	V	I	O
E	E	E	N	I	B	V	I	S	S	D	T	N	E
R	N	F	S	T	E	T	F	I	V	E	W	U	W
O	E	S	O	S	D	P	N	R	V	O	O	S	U
D	L	P	O	U	E	T	M	T	H	G	I	E	I
L	U	O	T	N	R	T	H	R	E	E	N	T	I

FIVE
EIGHT
MULTIPLICATION
DIVISION
SIX
DIVIDE
CUBED
NINE
FOUR
MINUS
CUBE ROOT
TWO
ONE
THREE
ADDITION
POWER OF
SEVEN
SQUARED
TEN
PLUS

Alice in Wonderland

```
M U S H R O O M H C K T A E
N E E U Q N T R K N I R H S
T C U G R O W E U A R D E O
E A U H M W E T H E A R T S
U R A L U Q E T H M L R H M
Q D R N T M D A R E E T O A
O S S C E A L H Q R A A L R
R D N A L R E D N O W D E C
C U S D S D D O A O U R E H
G C T E R D E A L I C E D H
E T S A L I E N A E T A H A
N O R C A R N A S M A A C R
R C S D M A D K S E T D E E
R I M U D E L D E E W T H Q
```

QUEEN
ROSES
HEAD
CARDS
DRINK
MAD
WONDERLAND
TWEEDLEDUM
TWEEDLEDEE
MUSHROOM
CROQUET
MARCH HARE
HOLE
GROW
SHRINK
HATTER
TEA
ALICE
EAT
HEARTS

The Little Mermaid

M	E	R	P	E	O	P	L	E	A	S	I	N	G
T	R	I	C	K	S	I	F	L	O	T	S	A	M
M	R	A	S	E	R	U	T	N	E	V	D	A	E
M	N	E	M	I	E	E	S	C	U	T	T	L	E
A	A	R	D	V	A	A	M	A	R	R	Y	U	V
K	R	R	I	N	N	R	E	T	S	B	O	L	N
E	I	L	A	E	U	E	T	E	T	S	R	U	N
R	E	C	E	R	I	O	S	A	M	I	U	R	U
L	L	I	R	T	T	J	L	N	O	L	L	S	A
I	A	R	S	E	E	E	L	F	S	U	M	U	M
E	G	E	S	R	E	T	S	I	S	I	L	L	D
H	U	M	A	N	O	S	A	I	U	M	F	A	O
E	N	A	I	T	S	A	B	E	S	E	R	T	L
I	A	R	S	P	H	M	D	I	A	M	R	A	M

JETSAM
LOBSTER
EVIL
SING
SISTERS
URSULA
FLOUNDER
SCUTTLE
TRICK
ERIC
ADVENTURES
MARMAID
MARRY
SEBASTIAN
FLOTSAM
MERPEOPLE
HUMAN
ARIEL

ParaNorman

H	D	G	C	N	A	M	R	O	N	N	E	I	L
N	S	G	M	C	A	M	D	N	A	R	G	R	I
E	E	H	D	O	H	I	D	E	O	U	S	C	D
N	Y	O	N	U	I	G	O	M	S	N	E	M	M
I	C	S	G	R	O	W	L	R	A	S	G	G	S
V	G	T	N	T	R	U	Y	S	L	M	R	N	S
L	A	O	R	N	N	N	R	H	M	A	A	I	R
A	M	G	H	E	H	D	R	E	A	E	R	D	C
S	G	G	A	Y	L	N	H	N	D	R	D	I	N
G	C	N	E	T	R	A	N	S	H	Y	N	R	A
N	N	R	T	R	H	I	R	C	D	R	A	Y	O
I	A	S	E	N	S	A	T	H	O	R	S	O	R
S	A	N	M	A	E	I	M	E	V	E	V	J	G
O	I	Y	S	A	M	Y	D	R	M	P	E	R	R

GROAN
ALVIN
COURTNEY
SCREAM
NORMAN
MRS. HENSCHER
AGATHA
PERRY
GRANDMA
NEIL
GROWL
SALMA
GHOST
JOYRIDING
SANDRA
MITCH
HIDEOUS

Transformers Characters

O	B	M	T	F	I	R	D	Z	I	E	I	S	R
U	N	I	C	R	O	N	E	E	Y	I	S	K	M
N	O	R	T	A	G	E	M	M	N	L	E	C	I
C	Z	A	I	N	L	G	B	I	F	E	D	A	Y
R	Z	C	L	M	E	A	U	R	A	E	E	R	U
O	A	K	P	L	A	L	M	P	L	H	S	L	H
S	J	A	A	R	D	V	B	S	L	W	T	Y	D
S	S	L	L	L	F	A	L	U	E	D	R	L	N
H	A	E	F	Y	O	T	E	M	N	S	O	A	U
A	M	O	D	N	O	R	B	I	G	A	Y	R	O
I	L	G	U	I	T	O	E	T	S	A	E	O	H
R	B	T	M	A	Y	N	E	P	D	S	R	C	R
N	R	F	C	R	A	U	G	O	S	L	A	S	H
I	I	L	C	B	R	D	I	N	O	E	A	J	R

OPTIMUS PRIME
FALLEN
CARLY
SAM
DRIFT
MEGATRON
KALE
GALVATRON
HOUND
BRAINY
SLASH
LEADFOOT
CROSSHAIR
DESTROYER
WHEELIE
JAZZ
DINO
MUD FLAP
BUMBLE BEE
UNICRON

Teenage Ninja Mutant Turtles

G	N	O	H	C	N	O	M	S	P	I	K	E	E
L	S	D	I	A	P	R	I	L	S	C	O	R	D
E	W	X	E	V	E	R	C	L	N	H	A	E	A
A	L	Y	E	N	K	O	H	E	A	R	O	H	E
H	H	G	A	I	I	L	E	O	K	I	R	O	H
P	N	G	R	M	R	L	L	N	E	S	M	D	R
A	S	U	O	A	B	E	A	A	W	B	O	O	E
R	P	B	V	K	Y	T	N	R	E	R	O	G	H
R	L	L	I	A	O	A	G	D	E	A	C	P	T
H	I	O	C	R	N	N	E	O	D	D	L	O	A
P	N	R	F	U	E	O	L	R	R	F	A	U	E
O	T	T	H	M	I	D	O	D	M	O	F	N	L
H	E	A	I	R	L	B	G	A	D	R	R	D	D
W	R	P	C	M	A	H	H	H	S	D	D	P	O

MICHELANGELO
PATROL BUGGY
DR FALCO
APRIL
CHONG
CHRIS BRADFORD
XEVER
DOGPOUND
MR MURAKAMI
LEATHERHEAD
RAPHAEL
SPIKE
VIC
DONATELLO
SNAKEWEED
LEONARDO
SPLINTER
KIRBY ONEIL

Charlie and The Chocolate Factory

W	I	L	L	Y	W	O	N	K	A	C	L	R	L
A	T	L	A	S	A	C	U	R	E	V	H	W	E
G	P	H	E	Y	C	E	N	A	M	T	A	O	O
V	O	M	A	O	V	E	E	C	K	I	D	N	I
E	M	L	O	K	C	I	L	U	V	H	D	K	O
E	S	C	D	O	L	H	O	O	U	E	L	A	F
V	L	E	W	E	L	C	O	L	H	T	A	B	A
A	U	B	V	A	N	A	H	C	E	G	O	A	C
E	G	U	D	V	L	T	P	A	O	T	R	R	T
T	W	C	W	E	A	C	I	M	R	L	O	S	O
E	O	K	U	O	O	M	A	C	O	L	A	I	R
K	R	E	A	C	R	O	O	S	K	O	I	T	Y
I	T	T	A	A	E	E	A	A	D	E	A	E	E
M	H	F	L	G	T	L	S	L	T	L	T	W	G

OOMPA-LOOMPA
CHARLIE
VIOLET
VERUCA SALT
FACTORY
WILLY WONKA
GOLDEN TICKET
BUCKET
WONKA BARS
MIKE TEAVEE
SLUGWORTH
ROALD DAHL
CHOCOLATE

The Mouse and the Motorcycle

```
A  T  R  A  S  H  M  K  K  R  U  U  S  A
E  S  A  E  E  L  S  E  K  Q  L  E  U  B
R  R  U  S  L  P  E  C  A  C  E  A  R  C
P  O  O  C  B  E  C  N  E  E  E  C  P  R
I  O  A  A  U  A  L  A  U  H  L  A  R  S
N  M  M  P  O  U  C  L  Q  H  C  C  I  C
R  P  O  E  R  N  A  U  S  H  Y  T  S  A
E  O  U  T  T  T  U  B  R  O  C  R  E  R
C  I  S  O  M  Y  T  M  T  R  A  C  P
K  S  E  H  T  U  I  A  M  E  O  P  U  E
L  O  E  P  T  A  O  T  R  L  T  A  N  T
E  N  E  L  T  L  U  S  A  O  O  C  C  U
S  E  R  A  A  P  S  N  C  E  M  C  L  S
S  H  M  R  M  A  O  E  E  U  H  S  E  Q
```

TROUBLE
SQUEAK
UNCLE
MOUSE
POISON
SURPRISE
MATT
AUNT
TRAP
RACE
RECKLESS
MOTORCYCLE
AMBULANCE
HOTEL
ESCAPE
RALPH
CAUTIOUS
ROOM
TRASH
CARPET

Ben Ten

P	O	U	P	G	R	A	D	E	P	A	E	N	G
W	X	I	R	T	I	N	M	O	L	N	R	G	O
A	S	W	A	M	P	F	I	R	E	G	H	R	G
Y	C	T	E	A	O	I	G	C	M	L	E	R	I
B	B	R	A	I	N	S	T	O	R	M	R	A	K
I	C	D	P	S	N	B	X	B	O	R	B	I	C
G	A	R	R	A	L	I	E	N	X	P	M	H	U
T	N	G	M	G	E	C	H	O	E	C	H	O	H
G	O	K	C	A	R	T	T	S	A	F	O	I	C
R	N	S	G	N	W	I	L	D	V	I	N	E	P
S	B	U	L	T	I	M	A	T	R	I	X	N	U
H	O	I	M	H	E	A	T	B	L	A	S	T	R
I	L	U	A	R	L	B	I	G	C	H	I	L	L
P	T	I	R	E	T	T	A	M	Y	E	R	G	A

GOOP
ECHO ECHO
UPGRADE
NRG
CANONBOLT
HEATBLAST
UPCHUCK
SWAMPFIRE
SHIP
GREY MATTER
WAY BIG
BRAINSTORM
BIG CHILL
ULTIMATRIX
WILDVINE
FASTTRACK
OMNITRIX
ALIEN X

Greek Mythology

R	U	S	A	T	S	A	N	E	H	T	A	H	Y
S	E	L	E	L	S	H	H	E	R	A	H	Y	S
E	A	L	T	E	E	U	P	E	R	S	E	U	S
Z	S	S	I	U	R	E	R	T	E	M	R	E	E
R	E	T	U	U	R	A	R	E	S	C	B	R	A
R	Y	T	A	S	E	S	O	S	B	O	S	O	I
K	R	O	N	O	S	U	E	P	P	R	H	N	U
E	O	S	I	U	P	H	Z	C	T	E	O	M	
S	L	A	E	I	R	M	M	E	O	H	S	C	M
S	L	D	S	M	P	Y	E	U	E	E	S	A	C
S	O	T	B	E	A	L	D	S	A	S	P	E	A
T	P	R	U	T	R	O	U	E	C	E	S	R	E
O	A	A	I	R	I	E	S	S	M	U	S	H	H
A	A	O	R	A	S	H	A	E	P	S	R	H	R

PARIS
CERBERUS
HERA
PERSEUS
APOLLO
SATYR
ARES
ATHENA
OLYMPUS
MEDUSA
KRONOS
THESEUS
RHEA
ZEUS
ARTEMIS

E	Y	D	N	A	R	U	A	R	U	B	Y	B	A
C	J	T	T	M	E	M	C	C	B	G	O	O	A
D	A	Y	A	U	F	R	A	C	E	E	A	E	Y
I	I	O	J	F	I	Y	T	R	O	B	B	I	E
G	E	A	D	D	R	D	D	E	M	I	R	O	I
W	D	N	J	E	I	D	D	E	R	F	R	A	I
E	I	F	D	N	B	C	C	M	C	N	O	R	D
N	G	O	O	M	E	R	E	S	A	M	D	I	B
M	J	M	D	R	T	S	D	Y	E	A	E	M	F
N	F	R	E	R	O	G	B	J	E	N	C	I	R
Y	E	N	F	Y	N	N	Y	N	I	O	J	E	E
E	F	M	A	B	M	E	M	G	D	N	E	M	M
D	N	N	M	J	D	E	E	G	A	D	M	O	E
R	B	N	I	Y	G	E	Y	A	D	F	M	D	O

DICE
FREDDIE
GOOMER
CAT
RANDY
SAM
RUBY
ROBBIE
MERF
GWEN
JADE
NONA

Disney Animals

H	M	F	L	O	W	E	R	O	C	I	B	U	P
E	R	T	G	T	M	U	R	O	R	H	A	M	T
R	E	A	N	O	M	I	T	L	I	M	C	I	N
T	M	C	L	B	C	M	B	I	A	L	N	T	A
I	R	E	R	B	O	A	S	V	S	M	A	T	A
G	E	R	O	O	L	L	M	E	Q	L	I	E	B
G	D	I	R	O	O	O	T	R	U	R	B	N	M
E	N	H	O	T	U	E	V	X	I	O	S	S	U
R	U	S	P	H	Z	C	A	R	R	A	R	C	P
O	O	E	A	U	A	R	R	T	T	I	M	I	A
I	L	H	B	M	Z	M	A	X	I	M	U	S	A
T	F	C	M	P	M	H	S	C	A	R	H	H	E
A	S	E	I	E	A	I	P	A	S	C	A	L	B
I	E	E	S	R	U	F	B	S	I	B	M	A	B

CHESHIRECAT
THUMPER
MITTENS
ROO
BAMBI
ZAZU
SQUIRT
SCAR
PUMBAA
TIGGER
TIMON
BALOO
PASCAL
FLOUNDER
MRSBIANCA
FLOWER
BOLT
OLIVER
MAXIMUS
SIMBA

Disney Princesses

```
E  L  M  U  L  A  N  I  I  A  D  T  L  L
L  I  P  O  C  A  H  O  N  T  A  S  S  N
W  N  A  S  N  O  W  W  H  I  T  E  A  T
L  N  N  E  E  N  A  N  N  R  N  J  E  O
L  L  R  A  E  I  U  N  E  E  A  L  L  E
L  L  R  L  A  C  W  A  T  S  S  E  M  S
E  A  A  R  O  R  U  A  M  A  I  E  A  U
B  N  P  E  L  A  A  I  E  R  R  L  A  I
R  N  U  I  L  E  N  P  A  B  E  L  L  E
E  A  N  A  N  E  M  N  A  P  S  A  E  A
K  O  Z  E  I  E  M  E  R  I  D  A  M  D
N  H  E  L  C  I  N  D  E  R  E  L  L  A
I  M  L  S  V  A  N  E  L  L  O  P  E  E
T  R  N  A  O  T  L  T  I  A  N  A  A  A
```

POCAHONTAS
AURORA
BELLE
SNOW WHITE
TIANA
MERIDA
ANNA
RAPUNZEL
ARIEL
MULAN
CINDERELLA
TINKERBELL
JASMINE
ELSA
VANELLOPE

Phineas and Ferb

```
I  C  E  L  G  Y  N  N  E  J  N  A  C  I
R  E  R  R  N  M  A  O  N  P  I  C  A  L
Y  D  E  N  A  Y  C  E  R  Y  Y  A  R  A
Y  Y  C  N  L  K  J  E  Y  M  E  I  L  R
P  L  N  F  N  N  J  P  H  I  N  E  A  S
E  C  E  L  E  I  R  E  M  P  C  M  S  B
I  A  R  E  N  P  E  P  R  B  M  N  U  A
D  P  W  T  F  I  R  C  E  E  P  R  P  L
N  D  A  C  L  D  A  A  I  R  M  R  Y  J
A  N  L  H  Y  F  A  N  R  L  R  Y  T  E
D  A  S  E  N  R  N  D  V  L  N  Y  A  E
N  R  M  R  N  Y  N  A  I  N  R  R  L  T
I  G  L  F  E  R  B  C  N  A  E  E  P  I
L  S  T  A  C  Y  E  E  G  A  J  Y  E  C
```

IRVING
FLYNN
JEREMY
PHINEAS
LINDA
PINKY
NORM
STACY
CANDACE
PLATYPUS
FLETCHER
CARL
GRANDPA CLYDE
PERRY
BALJEET
FERB
LAWRENCE
JENNY

Austin and Ally

```
P E N N Y Y T S A M I M I K
M E K O O R B T R N E S A M
R L I Y R E M R I A I U W S
S T M I O T R I K A D N O J
E R L Y L L A S N U E O S I
M E M K E S I H O S Z S L M
E N U N T Y I I N T U W A M
G T C C Y D N I M I D A N Y
A R I H O R N T I N E D O O
N M N U H E S E K O K R O E
S A A C O T P O L O I K M T
R R L K D S M I L S M A U A
A G N K T E T O K A O Y I L
E O N D A L L A S P A N U E
```

MOON
DEZ
ALLY
JIMMY
NELSON
CHUCK
TRENT
MIMI
BROOKE
LESTER
KIRA
TRISH
AUSTIN
MIKE
MEGAN
DALLAS
DAWSON
MINDY
PENNY

Disney Villains

```
G O R K A A K D S E K Y S S
S N A H C F R O L L O P G H
H N O T Y A L C N S S O Y E
B J K N A G I T A R C Y E R
S Y N D R O M E S J E A A E
Y D N A C G N I K O K A R K
F O O Y C H E R N A B O G A
B E N A A J A F A R O M T H
U N N E Y Z M A U A E O S N
Y O M O T H E R G O T H E L
N T L A S H A D E S K I O C
A C R U E L L A D E V I L O
H C A P T A I N H O O K C C
S E J R H O R N E D K I N G
```

YZMA
CHERNABOG
CRUELLA DEVIL
CAPTAIN HOOK
JAFAR
KAA
MOTHER GOTHEL
SHERE KAHN
HADES
HORNED KING
KING CANDY
SCAR
SYNDROME
SHAN YU
FROLLO
CLAYTON
RATIGAN
SYKES
HANS

Moshi Monsters

U	R	N	S	R	E	K	N	O	B	B	U	H	S
L	G	B	C	N	L	U	G	K	E	L	T	T	U
L	N	E	A	B	R	E	T	U	L	G	T	O	P
E	A	R	D	L	P	L	D	G	T	T	E	O	E
N	F	T	W	U	C	P	I	L	R	B	K	T	R
N	N	G	R	E	L	O	A	B	Y	E	C	T	Z
Y	W	N	I	J	U	D	V	L	M	N	O	E	O
L	O	A	F	E	E	G	L	U	R	I	R	E	M
A	R	F	F	E	K	E	O	E	H	M	P	W	M
R	B	K	A	P	O	O	S	F	K	B	S	S	E
D	E	N	Z	E	O	O	D	A	G	U	T	A	R
U	D	I	O	R	U	Y	N	N	U	S	E	U	I
S	A	P	K	S	L	M	B	G	B	E	Z	E	F
N	P	E	S	P	E	W	Y	S	O	P	R	A	P

ZAFFI
BONKERS
BLUE FANG
SPROCKETT
DIAVLOS
BLUE JEEPERS
MYRTLE
SPEWY
PINK FANG
CLUEKOO
PODGE
SUPER ZOMMER
NIMBUS
BROWN FANG
LENNY LARD
BUG
SWEET TOOTH
BERT

Pokemon 2

E	C	S	A	E	N	R	E	X	A	U	R	Z	L
A	E	C	A	G	L	A	I	D	M	Z	E	I	M
G	O	A	T	P	I	S	E	L	P	E	L	U	T
S	P	M	O	O	L	Z	E	R	H	S	E	E	G
R	O	E	G	K	E	A	S	A	A	P	A	P	N
M	K	R	E	E	X	N	E	L	R	E	I	O	U
A	E	U	K	M	G	G	P	T	O	O	W	E	M
N	B	P	I	O	P	O	Z	S	S	N	S	O	E
K	A	T	S	N	O	O	G	A	Z	G	I	Z	L
E	L	C	S	N	A	S	U	H	C	A	K	I	P
Y	L	O	Y	K	L	E	E	I	B	E	L	E	C
P	E	A	G	G	D	E	L	C	A	T	T	Y	C
L	C	L	X	I	L	R	I	W	S	K	B	H	L
I	A	I	O	S	A	L	A	M	E	N	C	E	E

ZIGZAGOON
ZANGOOSE
POKEBALL
AMPHAROS
SWIRLIX
TOGEKISS
CAMERUPT
MEW
SALAMENCE
NUMEL
DELCATTY
RALTS
MANKEY
XERNEAS
ESPEON
DIALGA
PIKACHU
CELEBI
POKEMON

Frozen

A	E	T	E	D	A	O	O	A	N	W	V	S	P
O	I	A	S	E	R	C	G	W	C	R	F	O	E
L	C	R	T	N	S	F	L	O	L	S	F	R	P
A	A	E	A	C	G	L	O	L	E	N	O	E	O
N	S	N	A	N	S	E	V	A	S	A	T	K	W
A	T	D	S	N	K	C	E	F	A	H	S	A	E
T	L	E	O	L	N	I	S	L	U	K	I	P	R
E	E	L	N	D	L	S	T	S	N	R	R	S	S
L	O	L	G	U	C	O	F	N	A	E	K	A	A
N	I	E	S	S	F	E	A	O	E	A	N	O	E
A	N	N	A	V	N	A	N	W	L	E	L	E	L
N	O	S	R	O	S	S	A	M	T	F	S	F	S
A	V	M	W	A	S	L	E	A	N	N	E	V	S
N	I	S	L	R	G	I	N	N	F	M	N	O	O

HANS
SONGS
ARENDELLE
ANNA
POWERS
GLOVES
KRISTOFF
SVEN
OLAF
ELSA
SNOWMAN
CASTLE
SAUNA
ICE

Zodiac Signs

```
E  I  S  T  R  S  P  L  C  R  S  I  V  C
A  S  E  I  W  A  E  A  C  Z  C  I  I  A
T  V  C  I  V  E  R  A  C  I  G  O  A  P
A  I  S  L  P  O  L  B  C  G  C  C  S  R
U  E  I  R  N  R  R  V  I  U  R  I  U  I
R  V  P  S  E  I  R  A  E  L  S  R  I  C
U  I  D  E  O  E  O  C  A  C  V  I  R  O
S  D  L  C  I  M  I  C  O  C  R  S  A  R
C  O  E  A  C  E  N  R  N  A  G  I  U  N
N  V  O  N  C  O  P  U  A  I  E  I  Q  N
A  I  A  C  O  I  E  C  R  D  M  S  A  L
R  R  I  E  O  A  N  L  B  O  I  O  S  A
I  G  E  R  E  I  I  U  R  Z  N  R  U  V
I  O  O  R  N  R  A  S  I  A  I  I  E  I
```

AQUARIUS
SCORPIO
TAURUS
CAPRICORN
TWELVE
GEMINI
LEO
CANCER
ZODIAC
PISCES
LIBRA
VIRGO
ARIES

Children's Books

```
T T I Y P P U P E L T T I L
T H R U H T R A G N I K I N
B O T H U M B E L I N A M E
T M U R A P U N Z E L W I M
L A L E L F I N H I L L A O
I S U G L Y D U C K L I N G
D T P P E T E R R A B B I T
G H I G L R I Z B F U F U Z
R E L E G O L D E N B A L L
Y T U A E B G N I P E E L S
A R R N I E T I H W W O N S
P A C A L L E R E D N I C U
L I Z U U P P E T E R P A N
N N H B E R E N S T A I N U
```

ELFIN HILL
THOMASTHETRAIN
NEMO
SNOW WHITE
PETER RABBIT
CINDERELLA
RAPUNZEL
BERENSTAIN
SLEEPING BEAUTY
PETER PAN
THUMBELINA
KING ARTHUR
LITTLE PUPPY
GOLDEN BALL
UGLY DUCKLING

Alvin and the Chipmunks

L	E	H	S	E	V	I	L	L	E	T	R	R	J
E	E	M	M	T	E	E	O	V	D	A	V	I	D
E	E	L	O	Y	N	A	T	T	I	R	B	L	T
L	N	L	H	R	N	D	N	M	I	L	L	E	R
E	T	C	J	E	A	N	E	T	T	E	N	H	N
A	E	I	H	E	T	H	E	O	D	O	R	E	O
N	E	E	E	I	M	E	E	C	E	I	R	T	M
O	D	C	E	N	P	V	S	A	Y	I	S	A	I
R	P	I	I	I	N	M	L	A	L	R	S	T	S
I	I	T	K	R	L	I	U	L	I	O	R	O	H
K	I	V	C	O	T	L	V	N	L	C	J	I	A
C	L	A	K	D	D	A	N	L	K	B	T	B	O
N	A	E	N	K	A	A	E	T	A	S	E	E	I
E	L	T	I	R	L	I	T	B	T	T	A	T	S

THEODORE
MILLER
SEVILLE
ALVIN
JEANETTE
BEATRICE
LILY
ELEANOR
DAVID
BRITTANY
CHIPMUNKS
SIMON

US Presidents

N	N	E	O	D	A	S	B	O	I	B	T	I	K
T	R	U	R	N	V	D	A	U	M	E	F	N	F
E	J	E	N	H	A	L	A	G	S	R	E	I	D
D	J	E	W	O	R	M	C	M	N	H	N	X	R
D	O	N	N	O	E	E	U	X	S	O	L	O	O
Y	H	E	G	T	H	D	R	R	S	Y	I	N	O
M	N	N	R	A	N	N	M	R	T	D	N	J	S
A	S	H	A	E	D	L	E	O	C	E	C	A	E
D	O	F	N	R	V	F	M	S	L	N	O	C	V
I	N	O	T	R	F	O	O	R	I	N	L	K	E
S	V	R	A	E	O	D	O	F	N	E	N	S	L
O	H	D	J	J	N	S	O	H	T	K	H	O	T
N	O	N	A	G	A	E	R	N	O	N	S	N	R
D	R	E	T	R	A	C	K	B	N	I	E	O	M

BUSH
CLINTON
EISENHOWER
JOHNSON
MADISON
JEFFERSON
CARTER
JACKSON
FD ROOSEVELT
ADAMS
FORD
KENNEDY
TEDDY
LINCOLN
REAGAN
HOOVER
GRANT
TRUMAN
NIXON

Attack On Titan

R	N	M	I	A	E	R	W	I	N	U	A	A	N
O	R	J	C	I	B	A	J	E	A	N	R	H	G
N	C	O	N	N	I	E	H	S	A	I	T	S	E
N	H	O	H	A	N	N	E	S	S	G	E	A	T
N	M	O	I	A	N	N	I	E	A	U	P	S	K
R	M	A	S	Y	T	S	Y	E	K	N	H	R	O
N	A	N	U	M	T	C	O	K	I	T	A	I	R
E	R	E	N	I	R	R	R	R	M	H	N	T	A
A	C	R	A	R	T	A	U	I	H	E	J	O	R
I	O	S	E	I	H	O	O	S	I	R	I	N	H
N	N	L	S	I	C	R	H	T	A	R	M	I	N
S	R	E	E	I	N	I	M	A	A	R	R	E	N
M	W	V	R	E	N	E	B	E	R	T	O	L	T
A	R	I	R	E	R	M	R	N	I	E	H	N	A

CONNIE
ANNIE
EREN
PETRA
RICO
SASHA
KRISTA
ORUO
YMIR
ARMIN
LEVI
MARCO
BERTOLT
HANNES
JEAN
GUNTHER
ERWIN
MIKASA
REINER
HANJI

Disney Characters

O	G	B	I	O	A	N	O	L	I	E	R	S	M
O	O	O	E	M	E	W	A	M	E	I	E	C	M
L	O	L	E	I	R	A	O	D	E	O	P	R	I
A	O	A	A	R	O	P	O	O	I	N	M	O	C
B	W	T	O	G	O	O	F	Y	D	O	U	O	K
B	A	A	U	O	U	O	B	Y	W	Y	H	G	E
D	L	A	L	L	E	B	E	W	E	K	T	E	Y
B	A	O	L	L	P	E	K	M	D	R	U	M	M
B	O	L	R	R	E	A	Y	H	P	M	E	C	O
U	I	L	E	A	O	R	E	I	M	O	I	D	U
B	O	B	T	B	I	B	H	H	A	W	N	U	S
O	L	E	M	U	O	C	M	N	L	G	E	C	E
S	O	E	L	A	O	L	A	U	L	L	G	K	A
U	U	L	R	Y	B	L	B	Y	D	I	B	A	H

THUMPER
WALL-E
POO BEAR
SCROOGE MCDUCK
CHIP
DUMBO
MICKEY MOUSE
BOLT
WOODY
BAMBI
PLUTO
ARIEL
NEMO
ABU
MOWGLI
BALOO
DALE
GENIE
GOOFY

Eminem

E	K	W	I	T	H	O	U	T	M	E	R	E	I
R	T	R	O	L	E	M	O	D	E	L	S	N	B
E	A	M	L	E	M	I	N	E	M	P	Y	R	E
T	E	R	O	M	A	R	S	H	A	L	L	D	R
S	M	E	S	M	K	I	R	L	E	C	R	I	Z
N	A	P	E	N	E	E	N	O	L	P	A	E
O	T	P	Y	R	A	R	E	A	L	U	L	R	R
M	H	A	O	E	S	T	L	M	E	F	F	F	K
E	E	R	U	C	E	D	S	R	N	I	R	A	M
H	R	M	R	O	T	E	C	E	C	T	R	T	E
T	S	P	S	V	S	S	E	P	O	U	S	O	B
L	U	M	E	E	L	A	L	U	R	A	E	N	A
I	S	N	L	R	E	O	U	S	E	E	A	E	T
E	E	R	F	Y	A	B	M	M	E	B	R	E	S

LOSE YOURSELF
BEAUTIFUL
MARSHALL
WITHOUT ME
BERZERK
RELAPSE
STAN
THE MONSTER
ENCORE
NOT AFRAID
SUPERMAN
ROLE MODEL
RAPPER
RECOVERY
MATHERS
EMINEM

Justin Timberlake

K	E	U	U	R	B	O	R	U	E	R	O	S	U
C	S	A	U	M	S	V	R	V	T	Y	U	E	E
A	R	O	O	I	K	O	O	T	I	L	I	D	K
R	O	M	C	C	R	L	E	O	M	O	Y	N	E
R	R	X	N	K	R	V	S	O	B	V	A	U	E
Y	R	M	O	E	E	H	E	J	E	E	L	O	F
O	I	E	M	Y	N	O	X	U	R	S	W	S	U
U	M	M	U	M	A	L	Y	S	L	T	O	E	T
T	U	O	L	O	B	Y	B	T	A	O	R	V	U
S	T	U	C	U	M	G	A	I	K	N	K	O	R
N	S	E	R	S	M	R	C	N	E	E	I	L	E
T	U	L	E	E	S	A	K	L	X	D	T	N	S
M	Y	L	O	V	E	I	C	N	Y	S	N	M	E
S	I	C	R	L	N	L	M	W	O	K	T	E	X

SUMMER LOVE
LOVESTONED
LOVESOUND
FUTURESEX
TIMBERLAKE
MIRRORS
HOLY GRAIL
MY LOVE
WORK IT
SEXYBACK
MICKEY MOUSE
JUSTIN
N-SYNC
TKO
CARRY OUT

Tom Cruise

```
K E A I C O L L A T E R A L
V L A U S T I N P O W E R S
A J R A I N M A N L N H T P
N M L R G N U C U A N O J M
I N O A L E C M L K M A I R
L E G E N D A N G C C L G I
L P I I A G O N R K E L C F
A U I L N I U U R I T O A E
S K O O V L I E R U C T O H
K M L I U S A Y O K I O U T
Y I L U E C K P T M A P L N
A B C L H L P A Y N A G R S
O A E E A N I G R I T U O S
R I R V V L I K O R E N V I
```

MAGNOLIA
TOP GUN
COLLATERAL
COCKTAIL
RAIN MAN
JACK REACHER
LEGEND
AUSTIN POWERS
VANILLA SKY
VALKYRIE
TOM CRUISE
THE FIRM
OBLIVION

My Little Pony

```
U T R I X I E R P T S N N O
P P C S T W I L I G H T Y N
K O A U P H M L N D I H H T
D R N E I I A T K I N S F A
R E T O I T K N I T I A L A
O N E C W R R E E Z N D U P
C R R D A D R I P Y G W T P
S U L C D D N O I D A O T L
I T O H A N A U E O R B E E
D E T K Z E R N L O M N R J
E M R E E H G T C I O I S A
A I R A R I T Y P E R A H C
E T I Y A U K E C C G R Y K
V L P O N Y V I L L E I I C
```

SHINING ARMOR
CADANCE
PONYVILLE
RARITY
SPIKE
RAINBOW DASH
TIME TURNER
DITZY DOO
TWILIGHT
PINKIE PIE
APPLE JACK
CANTERLOT
DISCORD
FLUTTER SHY
TRIXIE

Jake and the Never Land Pirates

```
I Z Z Y R A R R E K A J A U
I C D B R E G O R Y L L O J
N P P A O W E C D R O W S A
S E E I O N U O E T P Z P O
I T I P S B E A A C R L I I
R E U I B T P S E E A N E D
I R C E P S S E C N I R P G
I P Y P D E A N R L E E O U
S A U C A P T A I N H O O K
R N E R U S A E R T M I A T
T S U D E I X I P I E A P A
C C L S D N A S Y T A G P S
O Y C I U L P Y T Y U D T E
P E L S C U L L E Y O L B R
```

CAPTAIN HOOK
BONES
SAND
SWORD
CUBBEY
PIXIE DUST
PRINCESS
SCULLEY
IZZY
JAKE
TREASURE
JOLLY ROGER
MAP
PETER PAN

Naruto

U	M	C	U	R	H	N	A	H	I	J	U	G	A
J	C	I	N	G	O	I	C	H	I	D	O	R	I
O	H	H	N	I	R	R	N	A	O	A	U	K	H
I	D	A	I	A	A	A	I	A	K	U	S	A	A
R	N	E	R	H	T	P	S	R	T	J	N	K	R
U	S	E	I	A	A	O	E	E	O	A	D	U	U
O	S	A	J	D	D	I	R	I	N	A	N	Z	N
J	A	Z	T	H	A	A	R	I	N	G	A	U	O
U	S	A	S	H	R	R	M	N	N	N	A	N	N
T	O	O	B	I	T	O	A	R	I	G	H	N	D
S	R	T	O	B	I	I	D	H	I	U	B	I	A
U	I	A	A	A	H	P	S	S	A	K	U	R	A
R	O	T	N	G	U	U	O	T	U	R	A	N	S
S	S	S	I	R	K	R	U	Z	U	M	A	K	I

MADARA
MINATO
TOBI
SASORI
CHIDORI
KUSHINA
RASENGAN
HINATA
NARUTO
HARUNO
PEIN
RIN
DEIDARA
JUTSU
UCHIHA
UZUMAKI
SAKURA
HIJUGA
KAKUZU
OBITO

Algebra Readiness

E	E	I	T	B	A	S	E	I	A	T	E	I	T
X	E	T	S	E	R	E	T	N	I	I	T	I	N
P	T	A	S	T	N	E	L	A	V	I	U	Q	E
O	N	M	I	M	A	I	E	D	I	I	E	S	I
N	U	N	O	A	R	L	Q	M	R	Q	R	M	C
E	O	A	N	N	G	E	A	M	U	D	L	I	I
N	C	A	T	N	O	R	T	A	M	I	I	N	F
T	S	C	A	N	K	M	T	O	N	A	N	I	F
B	I	T	P	U	A	I	I	L	Q	M	E	M	E
O	D	D	P	R	O	T	N	A	I	E	A	U	O
E	I	E	E	N	E	O	M	E	L	E	R	M	C
M	T	A	E	F	E	L	B	A	I	R	A	V	F
T	R	A	N	S	F	O	R	M	A	T	I	O	N
T	E	P	I	R	E	G	E	T	N	I	S	Q	I

EQUIVALENT
ANGLE
BASE
AREA
TERM
INTEREST
VARIABLE
INTEGER
TRANSFORMATION
DISCOUNT
EQUATION
COEFFICIENT
LINEAR
MONOMIAL
EXPONENT
DIAMEER
MARKUP
MINIMUM

My Little Pony: Friendship Is Magic

I	P	L	N	W	C	Z	U	N	R	O	S	A	I
I	B	A	I	T	M	A	N	A	S	O	E	R	S
L	A	A	U	E	C	E	I	H	P	L	I	O	P
O	E	R	A	N	U	L	I	E	L	A	R	C	I
P	I	N	K	I	E	P	I	E	A	T	T	E	K
T	J	E	T	E	K	H	B	T	L	O	A	Z	E
S	O	C	S	E	A	E	H	B	L	O	P	C	I
E	N	B	C	S	I	G	Y	O	Y	C	P	A	C
I	A	B	B	T	I	L	T	G	O	S	L	D	L
E	E	R	E	L	T	R	I	X	I	E	E	A	A
D	O	E	I	E	I	I	R	S	R	S	J	N	T
U	W	W	I	O	O	P	A	R	I	R	A	C	T
S	T	O	L	C	N	J	R	L	N	E	C	E	L
R	W	C	Z	K	M	L	P	F	I	M	K	U	D

PINKIE PIE
CMC
TRIXIE
ZECORA
SWEETIEBELLE
SPIKE
RARITY
CADANCE
TWILIGHT
APPLEJACK
MLPFIM
LUNA
SCOOTALOO
HASBRO

Dragon Ball Z

B	M	A	J	I	N	B	O	O	E	Y	N	G	I
G	A	A	A	S	E	Y	O	E	T	U	A	O	R
G	U	M	L	O	I	S	R	G	O	K	U	T	N
T	B	L	B	O	P	O	P	R	S	N	A	E	R
E	A	U	I	F	R	E	E	Z	A	E	R	N	E
Y	O	B	T	A	T	E	G	E	V	I	O	N	L
E	L	R	H	K	B	E	N	I	O	O	E	B	O
O	I	O	Z	O	E	U	B	U	U	A	D	A	O
A	B	E	R	I	K	A	M	I	L	L	N	B	C
O	R	N	E	B	O	R	I	J	A	Y	E	I	I
N	A	H	N	I	H	S	N	E	T	H	D	D	H
Y	E	U	R	A	N	D	R	O	I	D	S	I	G
N	L	A	B	A	B	U	O	S	A	T	A	N	G
B	N	I	L	L	I	R	K	T	R	U	N	K	S

BROLY
TENSHINHAN
VEGETA
KRILLIN
DENDE
ANDROIDS
FREEZA
POPO
KAMI
BABIDI
COOLER
GOKU
YAJIROBE
MAJINBOO
SATAN
BABA
GOTEN
BULMA
TRUNKS
UUB

The Lion King

```
R F B N N T Z I R A S S D N
A I T I M O N U B A I H I I
I A A T U D Z Z A N M E E A
E Z K S F L S A R D B N D P
D N C E A E D Z I P A Z E U
A A O E S D N U I A R I P M
R B R B A D A R A S Z L M B
A S E A I I L A L L Z R A A
E Z D D R E E F I A A R T A
A A I L C Z D I I T A N S P
I A R I E I I K R A C S E A
E I P W D B R I I B A R A S
A R E E L A P S T E I I D N
K I N G R L H Y E N A E H M
```

ZIRA
EDDIE
KING
NALA
PRIDE LANDS
ZAZU
WILDABEEST
STAMPEDE
PUMBAA
MUFASA
SIMBA
BANZAI
SARABI
TIMON
HYENA
RAFIKI
SHENZI
SCAR
PRIDE ROCK

Aladdin

```
J H H L N T A U B F E Z A T
A A N I N E H O N A I E I D
F I A W O P A U P B T P J I
A Y U I L R B I B U H E I S
R A I S U A A N J L I I A N
O L G H O C R A A E E L G E
R G H E Z C G T S Y F A O Y
A Y N S A I A L M E I D R A
L A G L R G L U I K M I D G
A N E T Z A P S N N E A E N
D L N I K M T E E O E T H B
D E I S H C L H R M N A Y C
I Y E A R G A T A O P M A L
N E A E K I S I Y D Y E H M
```

Finding Nemo

A	C	R	O	J	A	C	Q	U	E	S	D	A	A
R	L	P	I	G	C	L	P	E	A	C	H	A	A
G	G	A	E	D	E	N	T	I	S	T	A	D	H
R	U	L	N	L	R	O	H	C	N	A	E	U	C
M	R	N	E	E	I	S	T	D	O	R	Y	C	O
A	G	T	S	L	M	C	O	A	O	A	S	A	R
R	L	A	A	F	L	O	A	A	R	R	H	R	A
L	E	O	U	N	L	E	O	N	C	E	A	R	L
I	H	L	U	Y	E	U	N	M	S	E	R	A	R
N	H	B	T	S	E	L	B	B	U	B	K	B	E
A	E	C	L	O	W	N	F	I	S	H	S	P	E
F	S	F	J	E	C	U	R	B	M	A	C	A	F
M	M	A	G	S	O	B	U	R	A	C	G	N	L
F	I	N	D	I	N	G	U	G	I	L	L	M	E

DENTIST
CHUM
ELLEN
CORAL REEF
BLOAT
CLOWNFISH
MARLIN
BUBBLES
GILL
PEACH
GURGLE
ANCHOR
DORY
NEMO
BRUCE
BARRACUDA
JACQUES
PELICAN
SHARKS
FINDING

Mr. Men Characters

P	L	D	E	C	H	A	T	T	E	R	B	O	X
S	L	G	L	P	Y	H	R	U	P	P	I	T	Y
I	B	R	B	U	L	C	M	U	D	D	L	E	L
L	B	E	M	X	Y	R	U	D	E	L	J	E	F
L	O	E	U	S	E	M	Y	O	L	Y	E	V	C
Y	U	D	R	C	E	Y	B	F	Y	I	L	A	H
D	N	Y	G	S	S	Y	I	O	E	S	L	R	E
M	C	L	S	U	E	N	O	S	E	Y	Y	B	E
E	E	Y	B	E	E	J	I	M	L	E	P	E	R
F	U	S	S	Y	L	M	A	M	C	U	S	B	F
U	S	C	L	U	M	S	Y	C	Y	E	S	U	U
S	S	U	Y	G	R	Y	S	S	Z	R	N	M	L
U	D	C	L	E	V	E	R	I	A	C	V	P	B
T	C	E	F	R	E	P	E	B	L	S	U	O	S

RUDE
BRAVE
MESSY
LAZY
PERFECT
GRUMBLE
BOUNCE
JELLY
NOSEY
SILLY
CHEERFUL
UPPITY
CLUMSY
BUSY
CHATTERBOX
CLEVER
FUSSY
GREEDY
BUMP
MUDDLE

Signs of the Zodiac

```
I  A  E  C  A  N  C  E  R  O  R  S  P  Q
V  I  R  G  O  N  E  E  U  E  I  R  N  R
G  C  I  S  N  I  R  O  E  V  R  V  R  N
U  N  C  E  R  U  R  T  P  R  A  U  O  U
S  G  O  C  B  S  C  O  R  I  U  R  C  R
R  A  G  S  C  A  A  R  B  I  L  I  I  A
G  I  R  I  M  S  G  E  M  I  N  I  R  O
O  R  N  P  S  R  E  R  N  U  C  G  P  V
S  U  I  R  A  T  T  I  G  A  S  R  A  A
S  O  S  U  R  R  A  R  B  C  I  A  C  A
R  E  R  A  R  A  Q  U  A  R  I  U  S  A
G  L  I  A  R  I  E  S  I  C  I  N  E  S
C  S  C  E  R  U  O  O  R  A  V  I  C  U
V  S  C  O  R  P  I  O  T  A  U  R  U  S
```

PISCES
AQUARIUS
VIRGO
TAURUS
GEMINI
SAGITTARIUS
LIBRA
CAPRICORN
CANCER
LEO
ARIES
SCORPIO

The Solar System

```
U E Y N E P T U N E R L O M
U E S R M A R S R I U E E S
U U U S U U Y N M H M U S H
N N Y U E C Y P U U E K T T
N U S N A P R N R U T A S M
Y U U E R T U E P P N J I U
A A R V T V R Y M T K L M U
A M L E H U A N E N K N E A
T Y U A R J N M S Y E R M Y
P E N U U A U U W Y T Y S S
L R P Y E R S A U T I P N A
U R I E M A Y J U P I T E R
T T R S A A P E R R N N R R
O A E U A I T Y R J R S C W
```

SUN
MILKY WAY
URANUS
MERCURY
PLUTO
SATURN
MARS
VENUS
EARTH
JUPITER
NEPTUNE

4 Letter Words, beginning in "H"

```
A H A W K A H E A H A H A N
H A R P E G N A H E H A K E
R H A H E G H A H T L A H W
H A E A Z T S E H A H A L F
H H A T E K A S H H A B R R
A L R N K P U H A A H A S R
G A A K E A U W H L A L A A
S H A L T G R H H A H A R K
H A S B S S T H G E A G A D
A R E R R F H L E H K H G N
K D R H H E K R I A H S T A
L H H A Z E H T H H A T S H
R D D U I E R E H A C K S H
H A R T R C E A T E H H E A
```

HATE
HAZE
HAKE
HERB
HANG
HARD
HAWK
HATS
HARK
HART
HEAP
HUGS
HAIR
HACK
HEAL
HALT
HAGS
HALF
HAND
HARP

4 Letter Words, beginning in "B"

B	E	B	B	A	B	S	R	B	E	E	T	I	A
E	Z	O	B	B	S	Z	Z	G	A	A	K	R	B
B	Y	O	B	Z	Z	U	B	R	B	E	T	Y	B
A	O	B	B	R	O	S	B	E	B	I	T	E	B
C	O	K	R	B	E	D	O	I	U	B	R	R	D
K	B	E	B	C	A	E	G	R	U	B	B	E	E
B	B	E	N	O	O	E	Y	B	B	O	I	I	S
B	B	K	O	B	W	I	E	B	O	C	K	T	B
A	U	B	Z	B	E	L	B	B	R	A	T	E	S
G	B	T	M	A	B	M	O	O	B	S	Y	B	K
S	B	N	B	R	A	E	T	E	O	N	T	O	S
B	E	E	F	K	B	Z	B	R	E	E	B	D	B
O	C	E	O	B	T	S	R	U	O	E	E	Y	S
B	T	B	B	O	M	F	I	B	B	U	N	S	S

BUZZ
BEER
BABE
BAGS
BOOM
BRIE
BITS
BARK
BOWL
BITE
BODY
BROS
BEEF
BRAT
BUNS
BYTE
BOGY
BOCK
BEET
BACK

Words beginning with Double Letters

E	M	R	K	K	A	A	H	P	O	L	E	V	M
E	Y	E	H	M	M	G	D	R	S	Z	E	L	L
L	Z	A	R	O	A	O	M	L	F	A	N	S	O
A	O	A	T	O	L	I	I	O	W	Y	I	O	R
A	O	I	L	G	L	I	M	O	N	Z	E	S	E
R	R	L	N	E	A	K	I	O	W	E	Z	O	O
D	P	A	Z	N	O	L	G	O	O	I	K	O	O
W	M	R	O	E	D	O	O	O	O	E	R	F	G
O	O	O	P	S	O	H	M	M	M	O	A	I	O
L	E	O	V	I	O	P	M	P	I	O	V	S	N
F	E	O	V	S	I	M	E	A	A	D	D	H	I
O	G	L	L	A	N	O	H	H	K	L	R	I	U
I	E	O	L	E	O	O	L	I	T	E	A	R	M
O	O	E	E	R	I	E	S	W	R	S	A	E	D

OOGONY
EENIE
OOPS
EEL
LLAMA
OOLITE
AARDVARK
OOGENESIS
OORALI
OOGONIUM
OOFISH
LLANO
OOMPAH
AARDWOLF
OOZY
OOMIAK
OODLES
EERIE
OOZE
OOMPH

3 Letter Words, 3

L	O	G	A	A	W	R	U	L	L	I	M	A	K
O	T	D	A	D	I	B	I	E	Y	B	I	S	E
R	L	L	Y	B	A	L	B	O	G	L	L	O	T
B	E	N	L	I	Y	A	O	C	D	A	N	T	A
Z	A	O	E	O	B	A	A	N	I	L	D	R	I
A	E	C	W	M	O	A	M	L	I	M	N	I	U
A	D	M	A	F	D	U	J	A	A	C	G	T	E
L	R	O	W	I	N	M	L	L	F	D	N	L	I
B	U	R	N	D	L	I	Y	D	C	A	N	I	W
A	F	X	G	L	C	N	F	J	O	Y	G	A	K
U	O	R	A	N	O	A	A	F	R	B	T	E	R
G	O	E	Y	A	G	L	F	J	T	G	A	T	S
M	U	W	G	O	O	I	M	X	O	T	M	M	J
C	O	B	M	Z	R	E	L	C	E	W	E	I	S

GAD
ALB
BEL
NIM
ORT
IFF
ABY
JUD
COG
CWM
DAL
ZEL
AMA
LUX
FID
YAG
KET
BIS
ROM
TAW

Major World Lakes

```
O  W  Y  N  O  L  O  N  T  A  R  I  O  H
K  A  I  A  M  A  E  G  Y  N  K  G  G  N
R  E  O  P  A  K  A  I  A  I  M  R  U  E
A  S  S  V  N  I  O  U  R  N  O  R  U  H
E  N  D  I  I  A  E  K  D  E  A  C  N  I
B  A  H  C  T  B  G  T  I  H  A  H  C  S
T  I  S  T  O  A  I  E  A  O  N  A  L  N
A  P  A  O  B  N  A  O  P  I  G  D  G  O
E  S  H  R  A  M  I  C  H  I  G  A  N  N
R  A  K  I  G  B  C  A  H  R  N  V  R  E
G  C  L  A  O  A  H  S  A  A  E  N  L  G
C  E  A  I  D  I  O  A  R  C  L  A  I  A
I  I  B  E  A  A  A  S  A  Y  N  A  H  W
B  G  S  I  L  A  I  F  L  O  D  U  R  T
```

ONEGA
CASPIAN SEA
ARAL
BAIKAL
LADOGA
WINNIPEG
MICHIGAN
HURON
ERIE
GREAT BEAR
BALKHASH
VICTORIA
KIOGA
MANITOBA
ONTARIO
CHAD
NYASA
RUDOLF
URMIA

Major World Volcanoes

T	A	B	U	U	H	E	P	A	U	R	T	U	S
B	E	U	E	N	A	O	B	U	T	A	N	I	P
I	T	K	K	I	Z	R	M	A	A	T	I	S	N
A	R	A	I	J	M	E	U	L	A	A	A	U	A
S	H	N	L	U	O	T	N	K	M	R	A	O	R
U	P	M	I	F	U	S	A	E	F	A	U	A	A
R	A	A	M	N	A	T	O	H	N	R	W	O	J
T	R	I	A	A	T	R	I	E	P	A	A	B	K
S	I	L	N	I	A	O	T	A	M	B	O	R	A
E	C	L	J	T	K	M	A	A	I	O	P	N	T
Y	U	K	A	S	A	B	M	A	Z	A	M	A	M
P	T	A	R	N	R	O	S	T	K	E	M	Z	A
M	I	L	O	A	K	L	I	N	E	T	N	A	I
W	N	A	P	R	B	I	I	E	E	L	E	P	O

PINATUBO
TAMBORA
KILIMANJARO
ETNA
STROMBOLI
AWU
UNZEN
KRAKATAU
LLIAMNA
MAZAMA
HEKLA
PARICUTIN
SURTSEY
PELEE
ARARAT
RUAPEHU
FUJI
KATMAI

Worlds Longest Rivers

P	I	M	Y	P	C	N	O	K	U	Y	R	I	I
U	U	E	L	O	U	Z	A	S	R	U	R	S	U
Y	N	O	N	I	A	R	A	N	M	S	E	R	I
E	Y	G	R	F	S	M	U	A	A	U	U	E	M
S	O	I	F	O	I	R	S	S	N	R	E	I	I
I	R	N	C	E	Z	T	G	N	A	Y	A	I	S
N	Y	E	C	M	M	E	K	O	N	G	S	P	S
E	I	P	P	I	S	S	I	S	S	I	M	Z	O
Y	O	C	S	I	C	N	A	R	F	O	A	S	U
N	O	Z	A	M	A	M	V	S	R	I	C	S	R
R	A	K	D	E	O	A	O	U	S	P	O	I	I
S	N	I	G	E	R	N	L	D	E	N	S	M	I
S	E	L	I	N	M	E	G	N	A	K	Y	E	S
G	N	E	R	Z	I	L	A	I	S	S	I	O	E

YANGTZE
INDUS
SAO FRANCISCO
MEKONG
MISSISSIPPI
NILE
VOLGA
MISSOURI
CONGO
PARANA
YENISEY
NIGER
PURUS
YUKON
AMUR
AMAZON
LENA

Worlds Tallest Mountains

U	O	D	I	S	T	A	G	H	I	L	S	A	R
Y	C	O	U	O	I	U	P	B	C	K	O	M	L
O	L	H	I	L	L	H	E	A	A	H	T	U	L
O	O	R	O	A	I	E	S	V	O	T	T	H	S
H	C	H	K	O	S	T	M	O	E	A	U	A	H
C	V	A	K	L	Y	O	U	G	P	R	D	R	O
E	M	S	A	U	L	U	L	A	I	A	E	I	A
K	S	G	L	B	E	V	S	T	L	S	K	S	M
O	L	T	U	N	G	A	A	Z	K	N	H	A	T
C	A	O	O	T	E	P	N	U	I	C	T	A	R
G	N	A	A	H	M	K	A	M	E	T	C	H	V
E	R	R	D	S	L	G	M	Y	O	P	A	I	L
N	A	N	G	A	P	A	R	B	A	T	O	L	H
N	A	N	D	A	D	E	V	I	P	A	T	O	P

MANASLU
MAKALU
RAKAPOSHI
LHOTSE
NANGA PARBAT
NANDA DEVI
DISTAGHIL SAR
KAMET
CHO OYU
EVEREST
BATURA
MUZTAG
CHO OYU

Himalayan Mountains

```
O  M  C  G  A  Q  N  U  P  T  S  E  C  N
T  O  H  K  O  U  L  N  M  M  Z  M  H  A
S  L  O  A  M  A  H  M  A  I  C  A  A  N
E  A  M  M  T  P  O  H  K  L  T  A  N  G
R  M  O  E  U  A  T  N  A  U  N  N  G  A
E  E  L  T  N  C  S  N  L  H  A  N  T  P
V  N  O  E  E  H  E  A  U  C  N  A  S  A
E  Q  N  N  O  R  E  U  M  L  D  P  E  R
T  I  Z  C  J  V  R  E  Z  A  A  U  H  B
N  N  O  A  H  B  U  N  M  M  D  R  K  A
U  G  R  U  A  O  A  M  U  I  E  N  E  T
O  R  T  K  A  U  O  I  T  H  V  A  N  A
M  U  U  N  N  A  J  Y  A  T  I  D  T  B
R  M  A  N  A  S  L  U  U  A  D  P  A  E
```

MAKALU
CHO OYU
ANNAPURNA
NANGA PARBAT
MOUNT EVEREST
LHOTSE
KAMET
HIMALCHULI
CHANGTSE
CHOMO LONZO
NUPTSE
MOLAMENQING
NANDA DEVI
MANASLU
KABRU
JANNU

Disney Animated Movies

M	O	N	S	T	E	R	S	I	N	C	T	H	B
I	T	E	A	N	I	N	U	B	W	A	A	A	A
T	E	N	L	D	L	R	N	S	A	P	I	L	M
A	O	S	A	L	K	A	A	A	L	C	S	A	B
R	A	A	D	M	O	E	L	C	L	A	A	O	I
Z	S	T	D	P	O	B	U	I	E	I	T	R	O
A	E	N	I	I	B	R	M	N	P	N	N	A	A
N	L	O	N	N	E	E	T	D	E	C	A	R	S
O	U	H	A	O	L	H	O	E	T	H	F	S	B
B	C	A	A	C	G	T	L	R	E	T	E	O	H
M	R	C	E	C	N	O	N	E	R	A	L	C	E
U	E	O	R	H	U	R	S	L	P	T	T	A	E
D	H	P	R	I	J	B	E	L	A	C	R	D	S
A	L	A	S	O	T	R	A	N	G	L	E	D

PINOCCHIO
BROTHER BEAR
CARS
WALL-E
TANGLED
MONSTERS INC
POCAHONTAS
JUNGLE BOOK
CINDERELLA
MULAN
BOLT
TARZAN
ALADDIN
HERCULES
DUMBO
FANTASIA
BAMBI
PETER PAN

Paw Patrol

I	R	U	Y	R	E	G	N	I	D	M	U	H	A
Y	F	A	R	M	E	R	A	L	R	A	R	R	L
M	A	A	P	O	L	L	O	R	U	Y	E	Z	E
R	Y	K	C	O	R	R	E	T	R	O	P	D	K
C	A	P	N	T	U	R	B	O	T	R	R	A	S
M	Y	D	A	O	I	S	I	O	C	N	A	R	F
M	C	E	C	B	T	S	B	S	Z	U	M	A	T
R	E	D	Y	R	I	Y	J	Y	C	O	O	R	S
G	M	R	M	I	L	L	R	U	O	D	A	E	O
E	R	U	R	M	E	V	S	G	D	C	I	A	B
K	D	B	U	R	S	I	O	A	K	G	E	C	C
A	Y	B	A	Y	K	A	R	E	M	U	E	E	E
J	O	L	T	C	Y	E	R	D	E	C	N	R	A
D	J	E	A	R	E	O	R	O	B	O	D	O	G

ZUMA
SKYE
SYLVIA
JAKE
RYDER
CAP'N TURBOT
APOLLO
TRACKER
ALEKS
ROCKY
JUDGE
MAYOR
FRANCOIS
RUBBLE
HUMDINGER
PORTER
ACE
ROBO-DOG
YURI
FARMER AL

Shrek

```
N I I P I B L I N D M I C E
A R C H P I E D P I P E R G
P R P M O N S I E U R E S R
R P S W Y D R A G O N G S O
E R H N I G A B E I I E O I
T I R S S G E O S M T P S H
E N E H O O D N M S I P P C
P C K R W P O O A P G E L C
S E R A U W E N N P S T O O
C S E S W G O P N K P T R N
S S S H A N O I F W E O D I
O S I F A R Q U A A D Y S P
I T D E O E A P P C Q C E A
E O M D A E R B R E G N I G
```

GEPPETTO
FIONA
SNOW WHITE
DONKEY
GINGERBREAD
MONSIEUR
LORD
PUSS
PRINCESS
PETER PAN
BLIND MICE
PINOCCHIO
DRAGON
PIED PIPER
SHREK
HOOD
FARQUAAD

Bob the Builder

```
M U C K P E B F F D A O T A
L Y M A E D B B A S C L L W
F T T Y R S U E R C O N Y E
O B R T C A I A M A K S E N
R D A F I B L S E R Y C L D
K O C O V A D L R E S R O Y
L S T L A T E E P C I A R Y
I W O F L I R Y I R V M K S
F W R S F N Y D C O A B U T
T B R L Y I C D K W R L I T
E O P O O C S I L S T E D O
U B C S U M S Y E A A R E P
T R P Y D U P S S F S Y A K
U E B Y L L O M P T I K O L
```

LOFTY
FARMER PICKLES
SCOOP
PERCIVAL
WENDY
FORKLIFT
SCARECROW
SABATINI
TRACTOR
MOLLY
BOB
TRAVIS
SPUD
SCRAMBLER
BUILDER
ROLEY
SUMSY
POTTS
MUCK
BEASLEY

The Giant's Causeway

E	S	T	O	N	E	S	T	A	E	H	I	H	B
N	T	C	C	H	I	L	D	R	E	N	S	E	T
O	S	G	A	E	Y	C	L	S	O	A	T	R	T
L	I	S	T	U	A	C	O	A	S	T	R	I	O
Y	R	L	R	N	S	K	C	O	R	G	O	T	T
R	U	L	C	A	A	E	U	T	O	T	N	A	T
O	O	I	T	F	C	I	W	T	F	E	G	G	O
T	T	M	E	S	N	O	G	A	X	E	H	E	N
S	L	H	N	A	T	I	A	T	Y	F	R	S	H
A	A	S	E	C	A	F	S	A	L	A	S	I	G
T	Y	U	E	B	R	U	I	S	S	M	Y	T	N
G	B	B	O	I	R	O	U	R	R	I	E	E	A
O	E	O	N	T	F	I	N	N	L	L	A	T	O
O	T	Y	N	N	A	R	G	N	I	Y	T	T	O

ROCKS
CAUSEWAY
FACES
COAST
BOOT
OOANGH
TRUST
BUSHMILLS
HERITAGE SITE
STORY
STRONG
FINN
STONES
CHILDREN
TOURIST
GRANNY
FAMILY
GIANT
TALL
HEXAGONS

Prefixes

```
P  D  R  W  I  I  A  R  D  Y  M  P  R  G
M  I  U  E  E  I  N  E  S  D  R  E  A  M
I  S  N  I  R  U  D  I  R  I  L  S  L  I
S  T  D  V  U  N  I  N  E  T  L  C  U  S
L  R  R  E  T  H  S  S  P  N  E  D  P  P
E  U  E  R  P  O  C  T  A  U  U  I  O  L
A  S  S  P  A  O  O  A  C  L  N  S  P  A
D  T  S  C  C  K  N  L  K  L  L  R  N  C
U  D  E  P  E  N  T  L  A  I  U  E  U  E
K  N  A  I  R  P  I  N  G  F  C  S  M  Y
D  R  K  E  K  R  N  U  E  E  K  P  S  U
R  L  U  I  R  U  U  S  P  R  Y  E  U  I
S  N  E  D  N  N  E  E  T  N  S  C  I  S
E  D  R  P  E  D  U  G  E  E  T  T  E  A
```

REINSTALL
REFILL
RECAPTURE
UNREAD
MISPLACE
UNLUCKY
DISCONTINUE
DISRESPECT
UNTIDY
PREVIEW
MISLEAD
UNPOPULAR
REPACKAGE
UNKIND
UNHOOK
UNDRESS
DISTRUST

/Ear/ Words

A	E	V	O	L	U	N	T	E	E	R	E	N
C	R	E	C	N	A	D	A	S	E	R	A	Y	M
G	Y	M	N	A	S	T	I	C	S	A	B	A	O
P	I	O	N	E	E	R	E	A	E	T	A	P	U
H	H	R	N	P	E	R	P	R	E	M	S	E	T
E	C	R	E	A	R	A	E	L	C	O	K	E	A
T	E	E	U	L	A	E	R	E	D	S	E	R	I
E	T	H	E	E	E	M	E	R	E	P	T	O	N
R	E	E	E	P	R	S	D	E	A	H	B	E	E
A	A	A	A	A	S	G	A	A	R	E	A	R	E
E	R	R	J	A	N	U	A	R	Y	R	L	A	R
P	N	A	S	T	E	E	R	C	E	E	L	E	R
S	N	A	K	I	R	G	E	A	R	E	T	F	A
E	C	A	I	H	A	H	C	A	S	H	I	E	R

GYMNASTICS
CLEAR
ATMOSPHERE
STEER
SPEECH
TEAR
DANCE
MOUTAINEER
CASHIER
JANUARY
VOLUNTEER
SMEAR
PEER
BASKETBALL
GEAR
SPEAR
REAR
FEAR
PIONEER
HEAR

Past Tense 2

<pre>
R D R A N K L S T D D N O D
L O T O O K N H S Y K E F C
D F E L T T O U H T A Y T A
H A W W H U A T O H M M A U
G E L R G R L R S R W A U G
O O Z H E A L T K E D R G H
A S T Z E I R D H W F E H T
L P K H L O S T Y O N H T H
I O A A N Z A E O H T N K T
E K R G L T A T T A C K E R
A E E Y S O B G A L T N T K
A R B A S A Y H P L A Y E D
L G W A L Y R E D N E F E D
A L T L P E H T H G U O B G
</pre>

ATTACKER
LOST
THOUGHT
SPOKE
DRANK
FOOTBALL
THREW
CAUGHT
HEALTHY
GOALIE
NEYMAR
BOUGHT
STRONGER
FELT
SAW
TAUGHT
PLAYED
DEFENDER
SUAREZ
TOOK

Serenity & Peaceful Words

A	L	F	G	L	A	L	U	G	E	G	M	Q	T
E	R	A	N	N	B	C	N	Y	S	A	E	A	E
E	E	M	I	G	R	N	A	S	S	I	L	W	L
N	E	I	K	Q	E	N	N	L	E	S	I	A	H
K	R	L	N	L	A	R	C	E	M	W	L	L	C
E	E	Y	I	V	T	J	E	M	I	N	T	K	U
A	J	E	H	A	H	K	S	L	A	E	E	I	I
T	U	C	T	C	E	G	A	E	A	C	I	N	E
I	V	A	M	A	E	N	C	X	R	X	U	G	Y
M	E	E	N	T	K	O	R	K	T	E	Q	H	E
E	N	P	N	I	B	A	A	T	T	H	N	I	N
N	A	H	I	O	N	P	S	G	C	L	S	E	O
A	T	N	S	N	S	R	I	T	O	T	E	G	L
E	E	E	G	N	I	L	E	E	F	Y	R	W	A

PEACE
TIME
THINKING
EASY
BREATHE
RELAX
QUIET
OCEAN
SERENE
YOGA
FEELING
WALKING
CALM
ALONE
REJUVENATE
VACATION
FAMILY

Masters Of The Universe

B	N	T	G	M	S	S	E	R	E	C	R	O	S
E	A	Y	R	M	A	N	E	F	A	C	E	S	A
A	M	N	N	O	A	O	W	A	J	P	A	R	T
S	M	N	A	M	E	H	E	R	S	A	B	P	I
T	A	N	S	A	A	A	T	T	T	S	S	M	E
M	R	T	K	N	C	O	E	R	R	P	A	M	N
A	N	E	E	A	R	P	R	I	A	W	N	E	H
N	T	E	L	T	I	A	N	K	T	H	E	R	N
S	E	L	E	A	N	N	I	L	O	I	O	M	Y
A	R	A	T	R	G	R	A	O	S	P	R	A	L
L	I	T	O	M	E	A	T	P	E	L	K	N	L
T	R	E	R	S	R	A	R	S	E	A	O	M	I
A	B	A	T	T	L	E	C	A	T	S	M	N	V
M	A	D	A	E	C	N	I	R	P	H	C	B	E

STRATOS
RAM MAN
BEASTMAN
TRAPJAW
SORCERESS
MAN-AT-ARMS
MERMAN
BATTLECAT
CRINGER
WHIPLASH
PRINCE ADAM
ETERNIA
TEELA
HE-MAN
MAN-E-FACES
EVIL-LYN
ORKO
TRI-KLOPS
SKELETOR